Marcus Tullius Cicero

Laelius de amicitia

Laelius über die Freundschaft

Lateinisch / Deutsch

Übersetzt und herausgegeben von Marion Giebel

Reclam

RECLAMS UNIVERSAL-BIBLIOTHEK Nr. 19293
2014, 2015, 2025 Philipp Reclam jun. Verlag GmbH,
Siemensstraße 32, 71254 Ditzingen
info@reclam.de
Bibliographisch ergänzte Ausgabe 2025
Gestaltung: Cornelia Feyll, Friedrich Forssman
Druck und Bindung: Esser printSolutions GmbH,
Untere Sonnenstraße 5, 84030 Ergolding
Printed in Germany 2025
RECLAM, UNIVERSAL-BIBLIOTHEK und
RECLAMS UNIVERSAL-BIBLIOTHEK sind eingetragene Marken
der Philipp Reclam jun. GmbH & Co. KG, Stuttgart
ISBN 978-3-15-019293-1
reclam.de

Laelius de amicitia

Laelius über die Freundschaft

1 (1) Q. Mucius augur multa narrare de C. Laelio socero suo memoriter et iucunde solebat nec dubitare illum in omni sermone appellare sapientem; ego autem a patre ita eram deductus ad Scaevolam sumpta virili toga, ut quoad possem et liceret, a senis latere numquam discederem; itaque multa ab eo prudenter disputata, multa etiam breviter et commode dicta memoriae mandabam fierique studebam eius prudentia doctior. quo mortuo me ad pontificem Scaevolam contuli, quem unum nostrae civitatis et ingenio et iustitia praestantissimum audeo dicere. sed de hoc alias; nunc redeo ad augurem.

(2) Cum saepe multa tum memini domi in hemicyclio sedentem ut solebat, cum et ego essem una et pauci admodum familiares, in eum sermonem illum incidere qui tum fere multis erat in ore. meministi enim profecto Attice et eo magis, quod P. Sulpicio utebare multum, cum is tribunus pl. capitali odio a Q. Pompeio qui tum erat consul, dissideret, quocum coniunctissime et amantissime vixerat, quanta esset hominum vel admiratio vel querela.

(3) Itaque tum Scaevola cum in eam ipsam mentionem

(Cicero an Atticus)

1 (1) Quintus Mucius der Augur hatte die Angewohnheit, vieles aus dem Gedächtnis und in unterhaltsamer Art über seinen Schwiegervater Gaius Laelius zu erzählen und ihn dabei ohne Bedenken in jedem Gespräch »den Weisen« zu nennen. Ich aber war von meinem Vater, als ich die Männertoga angelegt hatte, dem Scaevola zur Unterweisung anvertraut worden,[1] und das führte dazu, dass ich, soweit ich konnte und durfte, dem Greis niemals von der Seite wich. Und so habe ich mir vieles von seinen klugen Erörterungen und auch kurze und treffende Aussprüche eingeprägt und mich bemüht, aus seiner Lebensklugheit Nutzen für meine Bildung zu ziehen. Nach seinem Tod schloss ich mich dem Oberpriester Scaevola an, den ich, mit seinem hohen Geist und seinem rechtlichen Sinn, eine einzigartige Koryphäe unseres Staates zu nennen wage. Doch von ihm ein anderes Mal; ich komme nun wieder auf den Augur zurück.

(2) Neben vielen anderen Äußerungen erinnere ich mich auch daran, wie er einmal daheim in seinem Lehnsessel saß und ich mit nur wenigen vertrauten Freunden bei ihm war und er auf das zu sprechen kam, was damals gerade bei vielen das Gesprächsthema war: Du erinnerst dich sicher daran, Atticus, umso eher, da du ja mit Publius Sulpicius viel zusammen warst, als er sich als Volkstribun in tödlichem Hass mit Quintus Pompeius verfeindete, mit dem er in so inniger und herzlicher Verbundenheit gelebt hatte, und du erinnerst dich auch, wie sehr sich die Leute damals darüber wunderten und wie sehr sie die Sache bedauerten.

(3) Und gerade im Zusammenhang mit der Erwähnung

incidisset, exposuit nobis sermonem Laeli de amicitia habitum ab illo secum et cum altero genero C. Fannio Marci filio paucis diebus post mortem Africani.

Eius disputationis sententias memoriae mandavi, quas hoc libro exposui arbitratu meo; quasi enim ipsos induxi loquentes, ne 'inquam' et 'inquit' saepius interponeretur atque ut tamquam a praesentibus coram haberi sermo videretur.

(4) Cum enim saepe mecum ageres ut de amicitia scriberem aliquid, digna mihi res cum omnium cognitione tum nostra familiaritate visa est. itaque feci non invitus, ut prodessem multis rogatu tuo. sed ut in Catone Maiore qui est scriptus ad te de senectute, Catonem induxi senem disputantem, quia nulla videbatur aptior persona quae de illa aetate loqueretur quam eius, qui et diutissime senex fuisset et in ipsa senectute praeter ceteros floruisset, sic cum accepissemus a patribus maxime memorabilem C. Laeli et P. Scipionis familiaritatem fuisse, idonea mihi Laeli persona visa est quae de amicitia ea ipsa dissereret, quae disputata ab eo meminisset Scaevola. genus autem hoc sermonum positum in hominum veterum auctoritate et eorum

dieses Vorfalls teilte uns Scaevola damals das Gespräch des Laelius über die Freundschaft mit, das dieser mit ihm selbst und mit dem anderen Schwiegersohn, Gaius Fannius, dem Sohn des Marcus, geführt hatte, wenige Tage nach dem Tod des Africanus.

Die Grundgedanken dieses Gesprächs habe ich mir damals eingeprägt und sie nun in der vorliegenden Schrift meinem Ermessen nach dargelegt. Ich lasse nämlich die Gesprächsteilnehmer selbst sprechen, damit ich nicht zu oft ein »sagte ich« und »sagte er« einschieben muss und damit das Gespräch wie ein Dialog von hier anwesenden Personen wirkt.

(4) Du hast mich ja schon oft gedrängt, ich solle etwas über die Freundschaft schreiben; da schien mir nun dieses Gespräch von allgemeinem Interesse zu sein und zugleich auch im Einklang mit unserer vertrauten Freundschaft zu stehen. So habe ich mich nicht ungern dazu entschlossen, kann ich doch auf deine Bitte hin auch einem größeren Kreis nützen. Im *Cato maior*, der Schrift, die ich für dich über das Alter verfasst habe, ließ ich den Cato als hochbetagten Unterredner auftreten. Keine andere Gestalt erschien ja geeigneter als die seine, über diese Altersstufe zu sprechen, weil er sehr lange in hohem Alter gelebt hat und gerade darin so frisch und munter war wie kaum ein anderer. Da wir von unseren Vätern her wissen, dass die Freundschaft zwischen Gaius Laelius und Publius Scipio wahrhaft denkwürdig war, schien mir die Gestalt des Laelius wie geschaffen dazu, über die Freundschaft eben das vorzutragen, was er Scaevolas Erinnerung zufolge hierzu geäußert hat. Diese Art von Gesprächen aber, gestützt auf das Ansehen von Menschen früherer Epochen, und zwar von berühm-

inlustrium plus nescio quo pacto videtur habere gravitatis; itaque ipse mea legens sic adficior interdum ut Catonem, non me loqui existimem.

(5) Sed ut tum ad senem senex de senectute sic hoc libro ad amicum amicissimus scripsi de amicitia. tum est Cato locutus quo erat nemo fere senior temporibus illis, nemo prudentior; nunc Laelius et sapiens (sic enim est habitus) et amicitiae gloria excellens de amicitia loquetur. tu velim a me animum parumper avertas, Laelium loqui ipsum putes.

C. Fannius et Q. Mucius ad socerum veniunt post mortem Africani; ab his sermo oritur, respondet Laelius cuius tota disputatio est de amicitia, quam legens te ipse cognosces.

2 (6) Fannius: Sunt ista Laeli; nec enim melior vir fuit Africano quisquam nec clarior. sed existimare debes omnium oculos in te esse coniectos unum; te sapientem et appellant et existimant. tribuebatur hoc modo M. Catoni, scimus L. Acilium apud patres nostros appellatum esse sapientem, sed uterque alio quodam modo, Acilius, quia prudens esse in iure civili putabatur, Cato, quia multarum rerum usum

ten, scheint mir irgendwie besonders nachdrücklich zu wirken. So habe ich selbst beim Lesen meiner Schrift bisweilen den Eindruck, es spräche hier Cato und nicht ich.

(5) Wie ich aber damals als Älterer an einen Älteren über das Alter schrieb, so schreibe ich in diesem Buch als vertrauter Freund an den Freund über die Freundschaft. Dort sprach Cato, beinahe der älteste Mann jener Zeit, weiser als jeder andere; jetzt soll Laelius über die Freundschaft sprechen, auch er ein Weiser, dafür galt er, und ausgezeichnet durch den Ruhm seiner Freundestreue. Du sollst aber für eine Weile deine Aufmerksamkeit von mir abwenden und dir vorstellen, Laelius spreche selber.

Gaius Fannius und Quintus Mucius kommen nach dem Tod des Scipio Africanus zu ihrem Schwiegervater; mit ihnen beginnt das Gespräch. Laelius antwortet; er führt die ganze Erörterung über die Freundschaft: Wenn du sie liest, wirst du dich selbst darin erkennen.

(Beginn des Gesprächs)

2 (6) Fannius: So ist es, Laelius: Keinen besseren Mann hat es gegeben als Africanus, keinen berühmteren. Doch du musst dir darüber klar sein, dass nun aller Augen auf dich allein gerichtet sind. Dich nennen sie den Weisen, und sie halten dich auch wirklich dafür. Dieser Beiname wurde vor gar nicht so langer Zeit noch dem Marcus Cato zugestanden; auch Lucius Acilius hieß, wie wir wissen, bei unseren Vätern »der Weise«, doch jeder in etwas anderer Hinsicht: Acilius, weil man ihn für einen Kenner auf dem Gebiet des bürgerlichen Rechts hielt, Cato aufgrund seiner reichen Erfahrung in vielen Sachgebieten. Von seinem Wirken im Se-

habebat; multa eius et in senatu et in foro vel provisa prudenter vel acta constanter vel responsa acute ferebantur; propterea quasi cognomen iam habebat in senectute sapientis.

(7) Te autem alio quodam modo non solum natura et moribus, verum etiam studio et doctrina esse sapientem nec sicut vulgus, sed ut eruditi solent appellare sapientem, qualem in reliqua Graecia neminem (nam qui septem appellantur, eos qui ista subtilius quaerunt, in numero sapientium non habent), Athenis unum accepimus et eum quidem etiam Apollinis oraculo sapientissimum iudicatum; hanc esse in te sapientiam existumant ut omnia tua in te posita esse ducas humanosque casus virtute inferiores putes. itaque ex me quaerunt, credo ex hoc item Scaevola, quonam pacto mortem Africani feras, eoque magis, quod proximis Nonis cum in hortos D. Bruti auguris commentandi causa ut adsolet venissemus, tu non adfuisti, qui diligentissime semper illum diem et illud munus solitus esses obire.

(8) Scaevola: Quaerunt quidem C. Laeli multi, ut est a Fannio dictum, sed ego id respondeo quod animum adverti, te dolorem quem acceperis cum summi viri tum amicissumi morte, ferre moderate nec potuisse non commoveri

nat und auf dem Forum wusste man vieles zu nennen: seine klugen Vorschläge, konsequent geführte Verhandlungen, scharfsinnige Rechtsbescheide. Deshalb hatte er, als er alt war, in seinem Alter schon den förmlichen Beinamen »der Weise«.

(7) Du aber bist auf andere Art weise, nicht nur aufgrund deines Charakters und deiner Lebensführung, sondern auch aufgrund deiner geistigen Interessen und wissenschaftlichen Kenntnisse, und zwar nicht wie die große Masse, sondern wie Gebildete im allgemeinen jemand »weise« nennen. So kennen wir in ganz Griechenland keinen – die sogenannten »Sieben Weisen« werden von denjenigen, die sich mit solchen Fragen genauer beschäftigen, nicht zur Zahl der Weisen gerechnet –, nur in Athen gab es einen, nämlich den, der sogar vom Orakel des Apollon als der Weiseste bezeichnet wurde.[2] Deine Weisheit, so glaubt man, bestehe darin, dass du überzeugt bist, alles ruhe in dir selbst, und die Wechselfälle des menschlichen Lebens besäßen weniger Macht als eine auf die Tugend gegründete Persönlichkeit.[3] Daher fragen die Leute mich – und ich glaube auch unseren Scaevola hier –, wie du den Tod des Africanus erträgst, und das noch besonders aus folgendem Grund: An den Nonen[4] im letzten Monat, als wir wie üblich in den Gärten des Augurs Decimus Brutus zu Besprechungen zusammengekommen waren, bist gerade du nicht dabei gewesen, obwohl du doch diesen Termin und diese Aufgabe sonst gewöhnlich äußerst gewissenhaft wahrnimmst.

(8) Scaevola: Freilich fragen viele, Laelius, wie Fannius eben sagte, aber ich antworte mit dem, was ich bemerken konnte: dass du nämlich den Schmerz, den du durch den Tod des besten Mannes und des engsten Freundes erlitten

nec fuisse id humanitatis tuae; quod autem Nonis in conlegio nostro non adfuisses, valitudinem respondeo causam, non maestitiam fuisse.

Laelius: Recte tu quidem Scaevola et vere; nec enim ab isto officio quod semper usurpavi, cum valerem, abduci incommodo meo debui nec ullo casu arbitror hoc constanti homini posse contingere ut ulla intermissio fiat officii.

(9) Tu autem Fanni, quod mihi tantum tribui dicis quantum ego nec adgnosco nec postulo facis amice; sed ut mihi videris, non recte iudicas de Catone; aut enim nemo quod quidem magis credo, aut si quisquam, ille sapiens fuit. quo modo ut alia omittam, mortem filii tulit! memineram Paulum, videram Galum, sed hi in pueris, Cato in perfecto et spectato viro. (10) quam ob rem cave Catoni anteponas ne istum quidem ipsum quem Apollo ut ais sapientissimum iudicavit; huius enim facta, illius dicta laudantur. de me autem, ut iam cum utroque loquar, sic habetote:

3 Ego si Scipionis desiderio me moveri negem, quam id recte faciam, viderint sapientes; sed certe mentiar. moveor

hast, in gefasster Haltung erträgst, dass du aber nicht unerschüttert bleiben konntest, was auch dein menschliches Gefühl gar nicht erlaubt hätte.[5] Dass du aber an den Nonen nicht an unserer Versammlung teilgenommen hast, dafür war, so gab ich Auskunft, dein gesundheitliches Befinden die Ursache, nicht deine Trauer.

Laelius: Damit hast du völlig recht, Scaevola: Von dieser Verpflichtung, die ich stets wahrgenommen habe, wenn ich wohlauf war, hätte ich mich niemals durch etwas mir Ungelegenes abhalten lassen dürfen, und ich glaube, kein Mann von festem Charakter sollte sich bei irgendeinem Schicksalsschlag eine Pflichtversäumnis erlauben.

(9) Von dir aber, Fannius, ist es sehr freundlich, mir zu sagen, dass man so hoch von mir denkt, was ich weder als wahr anerkennen noch für mich in Anspruch nehmen will. Mit deinem Urteil über Cato scheinst du mir aber nicht ganz recht zu haben. Entweder ist nämlich niemand weise – was ich wenigstens eher glaube – oder, wenn überhaupt jemand, dann war er es. Wie hat er doch – um von anderem ganz zu schweigen – den Tod seines Sohnes getragen! Ich erinnere mich an Paullus, ich habe auch Galus erlebt, doch sie verloren Söhne im Kindesalter, Cato aber einen schon gereiften und geachteten Mann. (10) Deshalb solltest du beileibe nicht dem Cato irgendjemand vorziehen, nicht einmal den Mann, den Apollon, wie du sagst, als den Allerweisesten bezeichnet hat. Von Cato werden nämlich Taten, von ihm aber nur Worte gepriesen. Was aber mich angeht, um nun mit euch beiden zu sprechen, so sollt ihr folgendes wissen:

3 Wollte ich behaupten, ich verspürte gar keine Trauer um Scipio, dann sollten die Philosophen darüber urteilen,

enim tali amico orbatus qualis ut arbitror nemo umquam erit, ut confirmare possum, nemo certe fuit; sed non egeo medicina, me ipse consolor et maxime illo solacio, quod eo errore careo quo amicorum decessu plerique angi solent. nihil mali accidisse Scipioni puto, mihi accidit, si quid accidit; suis autem incommodis graviter angi non amicum, sed se ipsum amantis est. (11) cum illo vero quis neget actum esse praeclare? nisi enim quod ille minime putabat, inmortalitatem optare vellet, quid non adeptus est quod homini fas esset optare? qui summam spem civium quam de eo iam puero habuerant, continuo adulescens incredibili virtute superavit, qui consulatum petivit numquam, factus consul est bis, primum ante tempus, iterum sibi suo tempore, rei publicae paene sero, qui duabus urbibus eversis inimicissimis huic imperio non modo praesentia, verum etiam futura bella delevit. quid dicam de moribus facillimis, de pietate in matrem, liberalitate in sorores, bonitate in suos, iustitia in omnes? nota sunt vobis. quam autem

wie recht ich daran täte, ich müsste aber lügen, wenn ich das sagte. Ich bin erschüttert durch den Verlust eines solchen Freundes, wie es, so glaube ich, keinen mehr geben wird und wie es sicherlich auch noch keinen gegeben hat. Doch brauche ich kein Heil- und Linderungsmittel; ich tröste mich selbst, und zwar hauptsächlich mit jenem Trost, dass ich von dem Irrglauben frei bin, mit dem sich die meisten beim Hingang ihrer Freunde gewöhnlich abquälen: Nichts Schlimmes hat, so glaube ich, Scipio getroffen; mich hat es betroffen, wenn überhaupt. Sich mit seinem eigenen Kummer das Herz schwerzumachen, das zeigt nur, dass man nicht den Freund, sondern sich selbst liebt. (11) Wer will aber bestreiten, dass es Scipio wahrhaft herrlich ergangen ist? Falls er sich nicht – woran er aber am allerwenigsten gedacht hat – gewünscht hat, für immer hier zu leben: Was hat er dann nicht erreicht von allem, was sich ein Mensch nur wünschen darf? Die hohen Erwartungen, die seine Mitbürger schon in seiner Knabenzeit auf ihn setzten, hat er als junger Mann sogleich mit seiner unglaublichen Tüchtigkeit noch überboten. Um das Konsulat hat er sich niemals bemüht, er ist aber zweimal Konsul gewesen, das erste Mal vor der festgesetzten Zeit, das zweite Mal war es für seine Person zur rechten Zeit, für den Staat aber fast schon zu spät.[6] Zwei Städte, Todfeinde unseres Reiches, hat er zerstört und damit nicht nur gegenwärtige Kriege beendet, sondern auch zukünftige von vornherein verhindert. Was soll ich sagen von seinem äußerst liebenswürdigen Wesen, von der Liebe zu seiner Mutter, der Großzügigkeit gegenüber seinen Schwestern, der Güte gegen die Seinen, seiner Rechtlichkeit gegen alle? Das kennt ihr ja selbst. Wie teuer er aber seinen Mitbürgern war, das hat

civitati carus fuerit, maerore funeris indicatum est. quid igitur hunc paucorum annorum accessio iuvare potuisset? senectus enim quamvis non sit gravis, ut memini Catonem anno ante quam est mortuus, mecum et cum Scipione disserere, tamen aufert eam viriditatem in qua etiam nunc erat Scipio. (12) quam ob rem vita quidem talis fuit vel fortuna vel gloria, ut nihil posset accedere, moriendi autem sensum celeritas abstulit; quo de genere mortis difficile dictu est, quid homines suspicentur videtis; hoc vere tamen licet dicere P. Scipioni ex multis diebus quos in vita celeberrimos laetissimosque viderit, illum diem clarissimum fuisse, cum senatu dimisso domum reductus ad vesperum est a patribus conscriptis populo Romano sociis et Latinis, pridie quam excessit e vita, ut ex tam alto dignitatis gradu ad superos videatur deos potius quam ad inferos pervenisse.

4 (13) Neque enim adsentior iis qui haec nuper disserere coeperunt, cum corporibus simul animos interire atque omnia morte deleri; plus apud me antiquorum auctoritas valet vel nostrorum maiorum qui mortuis tam religiosa iura tribuerunt, quod non fecissent profecto, si nihil ad eos pertinere arbitrarentur, vel eorum qui in hac terra fuerunt magnamque Graeciam quae nunc quidem deleta est, tum

sich an der Trauer bei seinem Leichenbegängnis gezeigt. Was hätte ihm also die Zugabe einiger Jahre noch bringen können? Mag das Greisenalter auch nicht so drückend sein – ich erinnere mich, wie Cato im Jahr vor seinem Tod mit mir und Scipio darüber sprach –, es raubt uns doch die Frische und Lebenskraft, die Scipio bis dahin noch besaß. (12) Daher war sein Leben so reich an Glück und Ruhm, dass einfach nichts mehr dazukommen konnte. Sein Tod aber erfolgte so plötzlich, dass er das Gefühl des Sterbens gar nicht hatte. Auf welche Art er starb, ist schwer zu sagen; ihr wisst ja, was die Leute darüber argwöhnen. So viel darf man aber der Wahrheit gemäß sagen: Für Publius Scipio hatte von den vielen hochgefeierten und freudenreichen Tagen, die er erleben durfte, der Tag den höchsten Glanz, an dem er nach dem Schluss der Senatssitzung gegen Abend von den Senatoren, vom römischen Volk, von den Bundesgenossen und den Latinern[7] nach Hause geleitet wurde. Es war am Tag, bevor er aus dem Leben schied. Daher hat es den Anschein, er sei von einer so hohen Stufe der Würde eher zu den überirdischen als zu den unterirdischen Göttern gelangt.

4 (13) Ich stimme nämlich nicht mit denen überein, die jüngst damit angefangen haben, die Lehre aufzustellen, mit dem Leib ginge zugleich auch die Seele zugrunde und alles werde durch den Tod vernichtet.[8] Mehr gilt für mich die gewichtige Meinung der Alten: Das sind einmal unsere Vorfahren, die den Toten geheiligte Ehrenrechte zuerkannten, was sie gewiss nicht getan hätten, wären sie der Ansicht gewesen, die Toten hätten nichts mehr davon. Dann meine ich diejenigen, die in diesem Land gelebt und die Großgriechenland[9], das zwar jetzt nicht mehr besteht, seinerzeit

florebat, institutis et praeceptis suis erudierunt, vel eius qui Apollinis oraculo sapientissimus est iudicatus, † qui non tum hoc tum illud ut in plerisque, sed idem semper, animos hominum esse divinos iisque, cum ex corpore excessissent, reditum in caelum patere optimoque et iustissimo cuique expeditissimum. (14) quod idem Scipioni videbatur, qui quidem, quasi praesagiret, perpaucis ante mortem diebus, cum et Philus et Manilius adesset et alii plures tuque etiam Scaevola mecum venisses, triduum disseruit de re publica; cuius disputationis fuit extremum fere de inmortalitate animorum, quae se in quiete per visum ex Africano audisse dicebat. id si ita est, ut optumi cuiusque animus in morte facillime evolet tamquam e custodia vinclisque corporis, cui censemus cursum ad deos faciliorem fuisse quam Scipioni? quocirca maerere hoc eius eventu vereor ne invidi magis quam amici sit. sin autem illa veriora ut idem interitus sit animorum et corporum nec ullus sensus maneat, ut nihil boni est in morte sic certe nihil mali; sensu enim amisso fit idem, quasi natus non esset omnino, quem tamen esse natum et nos gaudemus et haec civitas dum erit, laetabitur, (15) quam ob rem cum illo quidem ut

aber in Blüte stand, mit ihren Unterweisungen und Lehren erzogen haben. Und ich meine auch die Autorität des Mannes, der vom Orakel Apollons der Weiseste genannt worden ist und der hierüber nicht bald dieses, bald jenes für richtig hielt, wie die breite Masse, sondern stets das gleiche: Die Seelen der Menschen seien göttlich und ihnen stünde, sobald sie den Leib verlassen haben, die Rückkehr in den Himmel offen, und sie ist für die Besten und Gerechtesten jeweils am leichtesten. (14) Dies hielt auch Scipio für richtig. Er hat ja, als ob er eine Vorahnung gehabt hätte, noch wenige Tage vor seinem Tod, als auch Philus und Manilius und noch mehrere andere dabei waren – auch du, Scaevola, bist mit mir hingegangen –, drei Tage lang ein Gespräch über den Staat geführt.[10] Sozusagen die Krönung seines Vortrags bildete das, was er über die Unsterblichkeit der Seele seinen Worten nach im Schlaf durch eine Traumerscheinung vom älteren Africanus vernommen hatte. Wenn es nun so ist, dass die Seelen aller Gutgesinnten im Tod am leichtesten aus dem Kerker und den Fesseln des Leibes entfliehen, was meinen wir: Wer mag dann wohl einen leichteren Weg zu den Göttern gehabt haben als Scipio? Wenn man daher über seinen Tod trauert, würde man dies, so befürchte ich, eher aus Missgunst denn aus Freundestreue tun. Wenn aber die andere Lehre der Wahrheit näher käme, dass nämlich Seele und Leib gleichzeitig zugrunde gingen und keine Empfindung mehr verbliebe, dann ist zwar nichts Gutes am Tod, aber entschieden auch nichts Schlechtes. Denn beim Verlust der Empfindung ist es ja gerade so, als ob man gar nicht geboren wäre. Dass Scipio aber geboren wurde, darüber freuen wir uns, und darüber wird sich auch unser Staat freuen, solange er be-

supra dixi actum optime est, mecum incommodius, quem fuerat aequius, ut prius introieram, sic prius exire de vita. sed tamen recordatione nostrae amicitiae sic fruor ut beate vixisse videar, quia cum Scipione vixerim, quocum mihi coniuncta cura de publica re et de privata fuit, quocum et domus fuit et militia communis et id in quo est omnis vis amicitiae, voluntatum studiorum sententiarum summa consensio. itaque non tam ista me sapientiae quam modo Fannius commemoravit, fama delectat, falsa praesertim, quam quod amicitiae nostrae memoriam spero sempiternam fore idque eo mihi magis est cordi, quod ex omnibus saeculis vix tria aut quattuor nominantur paria amicorum; quo in genere sperare videor Scipionis et Laeli amicitiam notam posteritati fore.

(16) Fannius: Istuc quidem Laeli ita necesse est. sed quoniam amicitiae mentionem fecisti et sumus otiosi, pergratum mihi feceris, spero item Scaevolae, si quem ad modum soles de ceteris rebus quae ex te quaeruntur, sic de amicitia disputaris quid sentias, qualem existumes, quae praecepta des.

Scaevola: Mihi vero erit gratum; atque id ipsum cum te-

steht. (15) Deshalb ist ihm, wie ich vorhin sagte, auch nur das Beste geschehen; mich traf es härter, da es für mich angemessener gewesen wäre, früher aus dem Leben zu gehen, wie ich auch früher eingetreten bin. Aber dennoch finde ich in der Erinnerung an unsere Freundschaft solchen Genuss, dass mir mein Leben glücklich erscheint, weil ich es mit Scipio leben durfte, mit dem ich die Sorge für den Staat und für das persönliche Leben teilte, mit dem mich nicht nur die gemeinsame Zeit als Hausgenossen und als Kriegskameraden verband, sondern auch das, was das ganze Wesen der Freundschaft ausmacht: vollkommene Übereinstimmung in Zielsetzungen, geistigen Interessen und politischen Ansichten. Und so freut mich nicht so sehr der Ruf meiner Weisheit, den Fannius soeben erwähnte – zumal er unbegründet ist –, als vielmehr die Hoffnung, die Erinnerung an unsere Freundschaft werde ewig dauern. Und das ist für mich umso mehr eine Herzenssache, da sich ja aus allen Jahrhunderten kaum drei oder vier Freundespaare nennen lassen.[11] Als eine Freundschaft dieser Art wird, so darf ich hoffen, die zwischen Scipio und Laelius der Nachwelt bekannt bleiben.

(16) Fannius: Das wird bestimmt so sein, Laelius. Doch da du nun schon einmal auf die Freundschaft zu sprechen kamst und wir gerade frei von Staatsgeschäften sind, würdest du mir und sicherlich auch Scaevola einen großen Gefallen erweisen, wenn du in der gleichen Art, in der du gewöhnlich über andere Themen sprichst, die man dir vorlegt, auch die Freundschaft erörtern würdest: was für eine Meinung du dazu hast,[12] wie sie deiner Ansicht nach sein soll und welche Vorschriften du dabei geben möchtest.[13]

Scaevola: Mich wird das bestimmt freuen, denn eben

cum agere conarer, Fannius antevortit. quam ob rem utrique nostrum gratum admodum feceris.

5 (17) Laelius: Ego vero non gravarer, si mihi ipse confiderem; nam et praeclara res est et sumus ut dixit Fannius, otiosi. sed quis ego sum? aut quae est in me facultas? doctorum est ista consuetudo eaque Graecorum, ut iis ponatur de quo disputent quamvis subito; magnum opus est egetque exercitatione non parva. quam ob rem quae disputari de amicitia possunt, ab eis censeo petatis qui ista profitentur; ego vos hortari tantum possum ut amicitiam omnibus rebus humanis anteponatis; nihil est enim tam naturae aptum, tam conveniens ad res vel secundas vel adversas.

(18) Sed hoc primum sentio nisi in bonis amicitiam esse non posse; neque id ad vivum reseco ut illi qui haec subtilius disserunt, fortasse vere, sed ad communem utilitatem parum; negant enim quemquam esse virum bonum nisi sapientem. sit ita sane; sed eam sapientiam interpretantur quam adhuc mortalis nemo est consecutus, nos autem ea quae sunt in usu vitaque communi, non ea quae finguntur aut optantur, spectare debemus. numquam ego dicam C. Fabricium M'. Curium Ti. Coruncanium, quos sapientes

darum wollte ich dich gerade angehen, da kam mir Fannius zuvor. Also würdest du uns beiden einen großen Gefallen erweisen.

5 (17) Laelius: Ich würde mich gewiss nicht lange bitten lassen, wenn ich es mir nur selber zutraute. Es ist ja ein wichtiges Thema, und wie Fannius schon sagte, hätten wir gerade Zeit. Doch wer bin ich, was befähigt mich dazu? Es ist ja die Gewohnheit gelehrter Männer und gerade der Griechen, sich ein Thema stellen zu lassen, das sie dann erörtern, und sogar aus dem Stegreif. Das ist aber eine schwierige Aufgabe und bedarf nicht geringer Übung. Daher solltet ihr, was man in einer Erörterung über die Freundschaft sagen kann, bei denen suchen, meine ich, deren Fach das ist. Ich kann euch nur mahnend dazu auffordern, die Freundschaft allen menschlichen Gütern vorzuziehen. Nichts ist nämlich unserer Natur so gemäß, so passend zu unseren Lebensverhältnissen, sei es im Glück oder im Unglück.

(18) Dies ist aber meine erste Einsicht, dass Freundschaft nur zwischen Gutgesinnten bestehen kann. Ich meine das allerdings nicht im strengsten Sinn, wie die Leute das tun, die solche Fragen recht scharfsinnig erörtern, vielleicht ganz richtig, aber doch zu wenig auf den allgemeinen Nutzen bezogen. Sie sagen, es könne keiner ein guter Mensch sein, wenn er nicht gleichzeitig ein Weiser ist.[14] Das mag so sein, aber sie verstehen Weisheit als etwas, das bisher kein Sterblicher erreicht hat. Wir müssen uns jedoch an das halten, was auf der Erfahrung des täglichen Lebens beruht – nicht an das, was man sich so zusammenfabuliert oder wünscht. Niemals werde ich behaupten, Gaius Fabricius, Manius Curius oder Tiberius Corunca-

nostri maiores iudicabant, ad istorum normam fuisse sapientes. quare sibi habeant sapientiae nomen et invidiosum et obscurum, concedant ut viri boni fuerint. ne id quidem facient, negabunt id nisi sapienti posse concedi.

(19) Agamus igitur pingui ut aiunt Minerva. qui ita se gerunt, ita vivunt ut eorum probetur fides integritas aequalitas liberalitas, nec sit in eis ulla cupiditas libido audacia, sintque magna constantia ut ii fuerunt, modo quos nominavi, hos viros bonos ut habiti sunt sic etiam appellandos putemus, quia sequantur quantum homines possunt, naturam optimam bene vivendi ducem. sic enim mihi perspicere videor ita natos esse nos ut inter omnes esset societas quaedam, maior autem, ut quisque proxume accederet. itaque cives potiores quam peregrini, propinqui quam alieni; cum his enim amicitiam natura ipsa peperit; sed ea non satis habet firmitatis. namque hoc praestat amicitia propinquitati, quod ex propinquitate benivolentia tolli potest, ex amicitia non potest; sublata enim benivolentia amicitiae

nius, Männer, die unsere Vorfahren als Weise bezeichnet haben, seien nach der Regel dieser Philosophen weise gewesen. Darum mögen sie ihren Begriff von Weisheit für sich behalten, nebelhaft und missverständlich, wie er ist, sie sollen aber zugeben, dass die Genannten rechtschaffene Männer gewesen sind. Doch nicht einmal das werden sie tun; sie werden sagen, diese Auszeichnung käme nur dem Weisen zu.

(19) Wir wollen also sozusagen unseren gesunden Menschenverstand walten lassen.[15] Menschen, die sich so verhalten, so leben, dass ihre Treue und Lauterkeit, ihr Rechtsgefühl und ihre edle Gesinnung erprobt sind, bei denen sich keine Begehrlichkeit, keine ungezügelten Leidenschaften und keine Skrupellosigkeit findet und die ihre Charakterfestigkeit unter Beweis stellen, wie es bei denen der Fall war, die ich eben genannt habe – diese Männer müssen auch, so glauben wir, die Guten genannt werden. Dafür galten sie ja auch, weil sie, soweit Menschen das vermögen, der Natur als der besten Führerin zu einem rechtschaffenen Leben folgten.[16] Das glaube ich nämlich klar zu erkennen: Wir sind so geschaffen, dass zwischen uns allen eine Art von Gemeinschaft besteht, die umso inniger ist, je näher uns einer steht. Daher gelten uns Mitbürger mehr als Auswärtige, Verwandte mehr als Fremde. Denn zwischen Verwandten hat schon die Natur von sich aus ein freundschaftliches Verhältnis geschaffen, das allerdings in seiner Stabilität weniger weit geht. Denn darin übertrifft die Freundschaft das verwandtschaftliche Verhältnis: Bei der Verwandtschaft kann die gegenseitige Zuneigung fehlen, bei der Freundschaft aber nicht. Fehlt nämlich die Zuneigung, gibt es auch keine Freundschaft mehr, eine Ver-

nomen tollitur, propinquitatis manet. (20) quanta autem vis amicitiae sit, ex hoc intellegi maxime potest quod ex infinita societate generis humani quam conciliavit ipsa natura, ita contracta res est et adducta in angustum, ut omnis caritas aut inter duos aut inter paucos iungeretur.

6 Est enim amicitia nihil aliud nisi omnium divinarum humanarumque rerum cum benivolentia et caritate consensio; qua quidem haud scio an excepta sapientia nihil melius homini sit a dis inmortalibus datum. divitias alii praeponunt, bonam alii valitudinem, alii potentiam, alii honores, multi etiam voluptates. beluarum hoc quidem extremum, illa autem superiora caduca et incerta, posita non tam in consiliis nostris quam in fortunae temeritate. qui autem in virtute summum bonum ponunt, praeclare illi quidem, sed haec ipsa virtus amicitiam et gignit et continet nec sine virtute amicitia esse ullo pacto potest.

(21) Iam virtutem ex consuetudine vitae sermonisque nostri interpretemur nec eam ut quidam docti verborum magnificentia metiamur virosque bonos eos qui habentur, numeremus, Paulos Catones Galos Scipiones Philos; his communis vita contenta est; eos autem omittamus qui

wandtschaft bleibt jedoch bestehen. (20) Wie stark aber die Kraft der Freundschaft wirkt, kann man am ehesten daran erkennen, dass aus der unbegrenzten, von der Natur selbst gestifteten Gemeinschaft des Menschengeschlechts sich ein so enger Zusammenschluss gebildet hat, dass die volle Zuneigung nur zwei oder wenige Personen verbindet.

6 Es ist nämlich die Freundschaft nichts anderes als Übereinstimmung in allen göttlichen und menschlichen Dingen, verbunden mit Sympathie und Liebe. Im Vergleich zu ihr ist den Menschen wohl – die Weisheit einmal ausgenommen – nichts Besseres von den unsterblichen Göttern geschenkt worden. Es gibt zwar welche, die lieber reich sein wollen, andere ziehen stabile Gesundheit vor, wieder andere Macht und Einfluss, hohe Ämter, viele auch sinnliche Genüsse. Das letztere ist freilich Sache von Tieren; die vorher genannten Dinge aber sind vergänglich und unsicher, weil sie nicht so sehr von unseren eigenen Entschlüssen abhängig sind als vielmehr von der Laune des Schicksals. Diejenigen freilich, die in der Tugend das höchste Gut sehen, haben ein hohes Ziel vor Augen: Gerade diese Tugend ist es ja, die Freundschaft entstehen lässt und erhält; ohne Tugend kann echte Freundschaft nie und nimmer bestehen.

(21) Diese Tugend wollen wir nun nach dem Sprachgebrauch unseres täglichen Lebens erklären und sie nicht wie gewisse Philosophen mit hochtrabenden Worten definieren. Wir wollen rechtschaffene Männer diejenigen nennen, die als solche angesehen werden: einen Paullus, Cato, Galus, Scipio, Philus. Mit solchen gibt sich das gewöhnliche Leben zufrieden; die aber wollen wir beiseitelassen, die nie

omnino nusquam reperiuntur. (22) talis igitur inter viros amicitia tantas oportunitates habet quantas vix queo dicere. principio qui potest esse vita »vitalis« ut ait Ennius, quae non in amici mutua benivolentia conquiescit? quid dulcius quam habere quicum omnia audeas sic loqui ut tecum! qui esset tantus fructus in prosperis rebus, nisi haberes qui illis aeque ac tu ipse gauderet? adversas vero ferre difficile esset sine eo qui illas gravius etiam quam tu ferret. denique ceterae res quae expetuntur, opportunae sunt singulae rebus fere singulis, divitiae ut utare, opes ut colare, honores ut laudere, voluptates ut gaudeas, valetudo ut dolore careas et muneribus fungare corporis; amicitia res plurimas continet; quoquo te verteris, praesto est, nullo loco excluditur, numquam intempestiva, numquam molesta est; itaque non aqua, non igni ut aiunt locis pluribus utimur quam amicitia. neque ego nunc de vulgari aut de mediocri, quae tamen ipsa et delectat et prodest, sed de vera et perfecta loquor, qualis eorum qui pauci nominantur, fuit. nam et secundas res splendidiores facit amicitia et adversas partiens communicansque leviores.

7 (23) Cumque plurimas et maximas commoditates amicitia contineat, tum illa nimirum praestat omnibus, quod bonam spem praelucet in posterum nec debilitari animos

und nirgendwo zu finden sind. (22) Unter Männern solcher Art bietet Freundschaft so große Vorteile, wie ich sie kaum aufzählen kann. Zuerst: Wie gibt es überhaupt ein »lebenswertes Leben«, wie Ennius sagt, das nicht auf gegenseitiger Sympathie von Freunden beruht? Was ist denn angenehmer, als jemanden zu haben, mit dem du dich getrauen kannst, alles so bereden wie mit dir selbst?[17] Würdest du glückliche Stunden so genießen können, wenn du nicht jemand hättest, der sich darüber ebenso freut wie du? Unglück gar wäre schwer zu ertragen ohne einen, der es sogar noch schwerer nimmt als du. Die anderen Dinge endlich, die man erstrebt, sind fast immer nur zu einzelnen Zwecken dienlich: Reichtum, um ihn zu verwerten, Einfluss, um Ansehen zu gewinnen, Ämter, um Ruhm zu ernten, Vergnügungen, um Spaß daran zu haben, Gesundheit, um frei von Schmerzen zu sein und seinen Körper gebrauchen zu können. Die Freundschaft aber umfasst die meisten Lebensbereiche: Wohin du dich auch wendest, da ist sie, von keinem Ort ist sie ausgeschlossen, niemals kommt sie ungelegen, nie ist sie beschwerlich. Daher haben wir, wie man so sagt, nicht Wasser, nicht Feuer so oft nötig wie sie. Und zwar spreche ich jetzt nicht von der alltäglichen und durchschnittlichen Freundschaft, obwohl auch diese schon Freude und Nutzen bringt, sondern von der wahren und vollkommenen, wie es sie nur bei den wenigen gab, die wir mit Namen nennen können. Eine solche Freundschaft macht nämlich ein Glück noch glänzender, das Unglück aber, indem sie es teilt und damit halbiert, leichter.

7 (23) Sehr viele und recht große Vorteile gibt es also bei der Freundschaft; das hat sie aber unbedingt vor allem anderen voraus: Sie erhellt uns die Zukunft mit freudi-

aut cadere patitur. verum enim amicum qui intuetur, tamquam exemplar aliquod intuetur sui. quocirca et absentes adsunt et egentes abundant et inbecilli valent et quod difficilius dictu est, mortui vivunt; tantus eos honos, memoria, desiderium prosequitur amicorum. ex quo illorum beata mors videtur, horum vita laudabilis. quodsi exemeris ex rerum natura benivolentiae coniunctionem, nec domus ulla nec urbs stare poterit, ne agri quidem cultus permanebit. id si minus intellegitur, quanta vis amicitiae concordiaeque sit, ex dissensionibus atque ex discordiis percipi potest. quae enim domus tam stabilis, quae tam firma civitas est quae non odiis et discidiis funditus possit everti? (24) ex quo quantum boni sit in amicitia, iudicari potest. Agrigentinum quidem doctum quendam virum carminibus Graecis vaticinatum ferunt, quae in rerum natura totoque mundo constarent quaeque moverentur, ea contrahere amicitiam, dissipare discordiam. atque hoc quidem omnes mortales et intellegunt et re probant. itaque si quando aliquod officium extitit amici in periculis aut adeundis aut communicandis, quis est qui id non maximis efferat laudibus? qui clamores tota cavea nuper in hospitis et amici mei M. Pacuvi nova fabula! cum ignorante rege uter Orestes ⟨esset, Pylades⟩ Orestem se esse diceret, ut pro illo ne-

gen Hoffnungen und lässt unseren Mut nicht erlahmen noch sinken. Wer nämlich auf einen wahren Freund blickt, der sieht sozusagen ein Abbild seiner selbst.[18] Daher sind Abwesende zugegen, Bedürftige überreich, Schwache stark und – was sich mit Worten noch schwerer ausdrücken lässt – Tote lebendig. Solch ein ehrendes Andenken, solche Sehnsucht der Freunde folgt ihnen nach, dass sie im Tod noch glücklich erscheinen, die Lebenden aber lobenswert. Nimmt man jedoch die Bande der Zuneigung aus der Welt, dann kann keine Hausgemeinschaft, keine Stadtgemeinde mehr bestehen, nicht einmal die Feldbestellung kann weitergehen. Wem es weniger einleuchtet, wie stark einträchtige Freundschaft wirkt, dem wird es im Blick auf Uneinigkeit und Zwietracht klarwerden. Denn welche Hausgemeinschaft, welche Bürgerschaft ist so gesichert, dass sie nicht durch Hass und Zwietracht von Grund aus zerstört werden könnte? Hieran lässt sich ermessen, wie viel Wert in der Freundschaft liegt. (24) Es soll ja ein gelehrter Mann aus Agrigent in griechischen Versen seherisch folgendes verkündet haben: Was in der Natur und im gesamten Weltall fest steht oder sich bewegt, das wird durch Freundschaft zusammengehalten, durch Zwietracht aber getrennt. Das können alle Menschen einsehen und in der Wirklichkeit erproben. Gibt es daher einmal ein Beispiel von Freundestreue, in dem jemand Gefahren auf sich nimmt oder sie teilt, wer fände dafür nicht Worte höchster Anerkennung? Was für ein lauter Beifall tönte nicht neulich durch den ganzen Zuschauerraum, als das neue Stück meines lieben Gastfreundes Marcus Pacuvius aufgeführt wurde. Als da der König nicht wusste, welcher von den beiden Männern Orestes sei, und Pylades sich für Orestes aus-

caretur, Orestes autem ita ut erat, Orestem se esse perseveraret. stantes plaudebant in re ficta; quid arbitramur in vera facturos fuisse? facile indicabat ipsa natura vim suam, cum homines, quod facere ipsi non possent, id recte fieri in altero iudicarent.

Hactenus mihi videor de amicitia quid sentirem potuisse dicere; si quae praeterea sunt (credo autem esse multa), ab iis si videbitur, qui ista disputant, quaeritote.

(25) Fannius: Nos autem a te potius; quamquam etiam ab istis saepe quaesivi et audivi non invitus equidem; sed aliud quoddam filum orationis tuae.

Scaevola: Tum magis id diceres Fanni, si nuper in hortis Scipionis, cum est de re publica disputatum, adfuisses. qualis tum patronus iustitiae fuit contra accuratam orationem Phili!

Fannius: Facile id quidem fuit iustitiam iustissimo viro defendere.

Scaevola: Quid? amicitiam nonne facile ei qui ob eam summa fide constantia iustitiaque servatam maximam gloriam ceperit?

8 (26) Laelius: Vim hoc quidem est adferre. quid enim refert qua me ratione cogatis? cogitis certe. studiis enim

gab, um an seiner Stelle getötet zu werden – und wie dann aber der wirkliche Orestes darauf bestand, er sei Orestes. Stehend klatschten die Leute Beifall für ein erdichtetes Geschehen. Was hätten sie wohl erst getan, wenn es Wirklichkeit gewesen wäre? Ganz von selbst zeigte da das natürliche Gefühl seine Stärke, da die Menschen das, was sie selbst nicht tun könnten, bei einem anderen für richtig erklärten.

Soweit habe ich nun meine Ansicht über die Freundschaft vorgetragen, nach bestem Wissen und Können. Wenn es darüber hinaus noch etwas gibt – und ich glaube, es gibt noch vieles –, dann lasst euch darüber, wenn ihr wollt, von denen belehren, die über dieses Thema ihre Erörterungen abhalten.

(25) Fannius: Wir wollen es aber lieber von dir hören! Ich habe zwar auch diese Leute schon mehrmals befragt und habe sie gewiss nicht ungern gehört, aber deine Art der Darstellung ist doch etwas ganz anderes!

Scaevola: Du könntest das noch viel eher behaupten, Fannius, wenn du neulich in den Gärten Scipios dabei gewesen wärst, als über den Staat gesprochen wurde. Wie ist Laelius da als ein Anwalt der Gerechtigkeit gegen die sorgfältig aufgebaute Rede des Philus aufgetreten!

Fannius: Das fiel wohl leicht: wenn ein so gerechter Mann die Gerechtigkeit verteidigt.

Scaevola: Und die Freundschaft? Sollte nicht auch das ein Leichtes sein für ihn, der doch seinen größten Ruhm daraus gewonnen hat, dass er sie mit höchster Treue, Standhaftigkeit und Gewissenhaftigkeit bewahrte?

8 (26) Laelius: Das heißt ja, einem Gewalt antun![19] Was macht es schon aus, wie ihr mich zwingt? Ihr bezwingt

generorum praesertim in re bona cum difficile est tum ne aequum quidem obsistere.

Saepissime igitur mihi de amicitia cogitanti maxime illud considerandum videri solet utrum propter inbecillitatem atque inopiam desiderata sit amicitia, ut dandis recipiendisque meritis, quod quisque minus per se ipse posset, id acciperet ab alio vicissimque redderet, an esset hoc quidem proprium amicitiae, sed antiquior et pulchrior et magis a natura ipsa profecta alia causa. amor enim, ex quo amicitia nominata est, princeps est ad benivolentiam coniungendam. nam utilitates quidem etiam ab iis percipiuntur saepe qui simulatione amicitiae coluntur et observantur temporis causa, in amicitia autem nihil fictum est, nihil simulatum et quidquid est, id est verum et voluntarium. (27) quapropter a natura mihi videtur potius quam ab indigentia orta amicitia, adplicatione magis animi cum quodam sensu amandi quam cogitatione, quantum illa res utilitatis esset habitura. quod quidem quale sit, etiam in bestiis quibusdam animadverti potest, quae ex se natos ita amant ad quoddam tempus et ab eis ita amantur ut facile earum sensus appareat. quod in homine multo est evidentius, pri-

mich auf jeden Fall. Denn sich dem Drängen seiner Schwiegersöhne zu widersetzen, noch dazu in einer guten Sache, das fiele nicht leicht und wäre obendrein nicht recht und billig.

Je öfter ich also über die Freundschaft nachdenke, desto mehr scheint mir das folgende reiflicher Überlegung wert: Sucht man Freundschaft nur aus Schwäche und Bedürftigkeit, damit im Geben und Empfangen von Wohltaten ein jeder das, was er von sich aus weniger vermag, von einem anderen erhält und dafür Gegenleistungen erbringt? Oder ist dies zwar ein charakteristisches Merkmal der Freundschaft, aber es gibt doch noch einen anderen Grund, der ursprünglicher und edler ist und mehr der menschlichen Natur entstammt? Die Liebe nämlich, *amor*, von der der Ausdruck Freundschaft, Freundesliebe, *amicitia*, gebildet wird, ist ja der erste Antrieb, ein Band gegenseitiger Sympathie zu knüpfen. Vorteile gewinnt man auch oft von denen, die man mit erheuchelter Freundschaft umwirbt und nur bestimmter Umstände wegen achtet. Bei einer echten Freundschaft aber ist nichts erdichtet, nichts erheuchelt, und alles beruht auf Wahrhaftigkeit und freiem Willen. (27) Deswegen scheint mir Freundschaft eher aus unserem natürlichen Wesen als aus Bedürftigkeit zu erwachsen und mehr aus dem inneren Drang, sich jemandem anzuschließen, verbunden mit einem Gefühl der Sympathie, als aus der Berechnung, wie viel Nutzen die Sache bringen werde. Was es damit auf sich hat, lässt sich auch bei manchen Tieren beobachten, die ihre Jungen bis zu einem bestimmten Zeitpunkt so lieben und von ihnen so wiedergeliebt werden, dass ihre Gefühle leicht zu erkennen sind. Das tritt beim Menschen noch viel deutlicher

mum ex ea caritate quae est inter natos et parentes, quae dirimi nisi detestabili scelere non potest; deinde cum similis sensus extitit amoris, si aliquem nacti sumus cuius cum moribus et natura congruamus, quod in eo quasi lumen aliquod probitatis et virtutis perspicere videamur. (28) nihil est enim virtute amabilius, nihil quod magis adliciat ad diligendum, quippe cum propter virtutem et probitatem etiam eos quos numquam vidimus, quodam modo diligamus. quis est qui C. Fabrici M'. Curi non cum caritate aliqua benivola memoriam usurpet, quos numquam viderit? quis autem est qui Tarquinium Superbum, qui Sp. Cassium, Sp. Maelium non oderit? cum duobus ducibus de imperio in Italia est decertatum, Pyrrho et Hannibale; ab altero propter probitatem eius non nimis alienos animos habemus, alterum propter crudelitatem semper haec civitas oderit.

9 (29) Quodsi tanta vis probitatis est ut eam vel in eis quos numquam vidimus, vel quod maius est, in hoste etiam diligamus, quid mirum est, si animi hominum moveantur, cum eorum quibuscum usu coniuncti esse possunt, virtutem et bonitatem perspicere videantur? quamquam confirmatur amor et beneficio accepto et studio perspecto et consuetudine adiuncta, quibus rebus ad illum

hervor: erstens in dem Band der Liebe zwischen Kindern und Eltern, das nur durch eine grässliche Untat zerrissen werden kann, dann aber, wenn ein ähnliches Liebesempfinden in uns erwacht, sobald wir jemand gefunden haben, mit dem wir in seiner Lebensauffassung und seinem inneren Wesen harmonieren, weil wir in ihm sozusagen ein leuchtendes Vorbild von Rechtschaffenheit und Tugend vor uns haben. (28) Nichts Liebenswerteres gibt es ja als die Tugend, nichts, was uns mehr zu liebender Wertschätzung anlockte – lieben wir doch wegen ihrer Tugend und Rechtschaffenheit in gewisser Weise sogar Menschen, die wir nie gesehen haben. Wer könnte sich denn den Gaius Fabricius, den Manius Curius ohne ein Gefühl warmer Sympathie ins Gedächtnis rufen, die er doch nie gesehen hat? Gibt es aber einen, der dem Tarquinius Superbus, dem Spurius Cassius und Spurius Maelius gegenüber nicht ein Gefühl des Hasses empfindet? Mit zwei Feldherren gab es in Italien einen harten Kampf um die Macht, mit Pyrrhos und Hannibal. Gegen den ersten hegen wir wegen seiner Redlichkeit keine allzu feindlichen Gefühle; den anderen aber wird unser Volk seiner Grausamkeit wegen für immer hassen.

9 (29) Wenn nun redliche Gesinnung eine so starke Wirkung hat, dass wir sie sogar an Menschen lieben, die wir nie gesehen haben, ja sogar, was noch mehr besagen will, selbst noch an einem Feind: Da ist es doch kein Wunder, wenn Menschen sich angezogen fühlen, sobald sie an Leuten, mit denen sie im täglichen Verkehr zusammen sein können, deren edlen Charakter und ihre Herzensgüte aus der Nähe kennenlernen. Freilich festigt sich die Liebe, wenn man Dienste erwiesen bekommt, gegenseitige Neigung fest-

primum motum animi et amoris adhibitis admirabilis quaedam exardescit benivolentiae magnitudo. quam si qui putant ab inbecillitate proficisci, ut sit per quem adsequatur quod quisque desideret, humilem sane relinquunt et minime generosum ut ita dicam ortum amicitiae, quam ex inopia atque indigentia natam volunt. quod si ita esset, ut quisque minimum esse in se arbitraretur, ita ad amicitiam esset aptissimus; (30) quod longe secus est. ut enim quisque sibi plurimum confidit et ut quisque maxime virtute et sapientia sic munitus est ut nullo egeat suaque omnia in se ipso posita iudicet, ita in amicitiis expetendis colendisque maxime excellit. quid enim? Africanus indigens mei? minime hercule! ac ne ego quidem illius; sed ego admiratione quadam virtutis eius, ille vicissim opinione fortasse non nulla quam de meis moribus habebat, me dilexit; auxit benivolentiam consuetudo. sed quamquam utilitates multae et magnae consecutae sunt, non sunt tamen ab earum spe causae diligendi profectae.

(31) ut enim benefici liberalesque sumus, non ut exigamus gratiam (neque enim beneficium faeneramur, sed natura propensi ad liberalitatem sumus), sic amicitiam non

stellen kann und noch der nähere Umgang Verbindung schafft. Kommt dies alles zu der anfänglichen ersten Herzensregung dazu, dann entbrennt auf wunderbare Weise ein mächtiges Feuer der Sympathie. Wenn manche glauben, dies ginge aus einer Schwäche hervor, damit man jemanden hat, mit dessen Hilfe ein jeder erlangt, was er begehrt, dann weisen sie der Freundschaft wahrhaftig nur einen niedrigen und keineswegs edlen Ursprung zu: Sie ist ja ihrer Ansicht nach aus Not und Mangel entstanden. Wenn das so wäre, dann müsste einer umso geeigneter sein als Freund, je weniger Stärke er in sich verspürt. Es ist aber doch ganz anders: (30) Je mehr Selbstvertrauen jemand hat, je besser er durch innere Stärke und Weisheit so abgesichert ist, dass er keinen anderen braucht und ganz in sich selbst ruhen kann, desto mehr zeichnet gerade er sich dadurch aus, dass er Freundschaften sucht und pflegt. Was meint ihr denn: Hat Africanus mich etwa nötig gehabt? Bei Gott nicht! Aber ich hatte ihn ebenso wenig nötig: Ich habe ihn vielmehr aus Bewunderung für seine Tugend geliebt, er mich wiederum wegen einer vielleicht nicht ganz ungünstigen Meinung, die er von meiner charakterlichen Veranlagung hatte. Persönlicher Umgang hat die gegenseitige Sympathie gesteigert. Doch obwohl unsere Freundschaft zahlreiche bedeutende Vorteile mit sich brachte, ist unsere gegenseitige Wertschätzung dennoch nicht aus der Hoffnung auf solche Vorteile entstanden.

(31) Denn wie wir wohltätig und freigebig sind, nicht um Dank einzufordern – wir legen ja unsere Wohltaten nicht auf Wucher an, wir neigen vielmehr von Natur aus zu einer wohlwollenden Gesinnung –, so halten wir auch Freundschaft nicht in der Hoffnung auf Gewinn für erstrebens-

spe mercedis adducti, sed quod omnis eius fructus in ipso amore inest, expetendam putamus.

(32) Ab his qui pecudum ritu ad voluptatem omnia referunt, longe dissentiunt, nec mirum; nihil enim altum, nihil magnificum ac divinum suspicere possunt qui suas omnes cogitationes abiecerunt in rem tam humilem tamque contemptam. quam ob rem hos quidem ab hoc sermone removeamus, ipsi autem intellegamus natura gigni sensum diligendi et benivolentiae caritatem facta significatione probitatis. quam qui adpetiverunt, adplicant se et propius admovent, ut et usu eius quem diligere coeperunt, fruantur et moribus sintque pares in amore et aequales propensioresque ad bene merendum quam ad reposcendum atque haec inter eos sit honesta certatio. sic et utilitates ex amicitia maximae capientur et erit eius ortus a natura quam ab inbecillitate gravior et verior. nam si utilitas amicitias conglutinaret, eadem commutata dissolveret; sed quia natura mutari non potest, idcirco verae amicitiae sempiternae sunt.

Ortum quidem amicitiae videtis, nisi quid ad haec forte vultis.

wert, sondern weil ihr eigenster Genuss schon in der Liebe selbst besteht.

(32) Von einer solchen Auffassung sind die natürlich meilenweit entfernt, die nach Art des lieben Viehs alles an der Sinnenlust messen.[20] Kein Wunder, denn zu etwas Erhabenem, zu Großartigem und Göttlichem kann man ja den Blick nicht erheben, wenn man all sein Denken an eine so niedrige und verächtliche Sache verschwendet hat. Deshalb wollen wir solche Leute von unserem Gespräch ausschließen, wir wollen aber zu der Einsicht kommen, dass ein Gefühl der Hochschätzung und liebevollen Zuneigung aus unserem angeborenen menschlichen Wesen heraus entsteht, sobald sich bei jemand eine redliche Gesinnung gezeigt hat. Denn alle, die sich davon angezogen fühlen, schließen sich an und rücken näher, um sich am Umgang und an den charakterlichen Vorzügen dessen zu erfreuen, der ihre Wertschätzung gewonnen hat. Ihre Zuneigung ist auf beiden Seiten gleich stark und von gleicher Art; sie neigen mehr dazu, Dienste zu erweisen als Gegendienste zu fordern: Darin besteht bei ihnen ein ehrenvoller Wettstreit. So kann man einerseits aus der Freundschaft größten Nutzen ziehen, ihr Ursprung aus unserer Natur und nicht aus Schwäche verleiht ihr andererseits aber doch mehr Gewicht und innere Wahrhaftigkeit. Würde nämlich der Nutzen Freundschaftsbande knüpfen, dann würde er sie auch wieder auflösen, wenn sich die Voraussetzungen dafür geändert haben. Weil die natürliche Veranlagung aber keiner Veränderung unterliegt, bleiben wahre Freundschaften auch ewig bestehen.[21]

Da habt ihr nun den Ursprung der Freundschaft, falls ihr nicht noch etwas hinzufügen wollt.

Fannius: Tu vero perge Laeli; pro hoc enim qui minor est natu, meo iure repondeo.

(33) Scaevola: Recte tu quidem. quam ob rem audiamus.

10 Laelius: Audite vero optimi viri ea quae saepissime inter me et Scipionem de amicitia disserebantur. quamquam ille quidem nihil difficilius esse dicebat quam amicitiam usque ad extremum vitae diem permanere. nam vel ut non idem expediret, incidere saepe, vel ut de re publica non idem sentiretur; mutari etiam mores hominum saepe dicebat, alias adversis rebus, alias aetate ingravescente. atque earum rerum exemplum ex similitudine capiebat ineuntis aetatis, quod summi puerorum amores saepe una cum praetexta toga ponerentur; (34) sin autem ad adulescentiam perduxissent, dirimi tamen interdum contentione vel uxoriae condicionis vel commodi alicuius, quod idem adipisci uterque non posset. quodsi qui longius in amicitia provecti essent, tamen saepe labefactari, si in honoris contentionem incidissent; pestem enim nullam maiorem esse amicitiis quam in plerisque pecuniae cupiditatem, in optimis quibusque honoris certamen et gloriae; ex quo inimicitias maximas saepe inter amicissimos exstitisse. (35) magna etiam discidia et plerumque iusta nasci, cum aliquid ab amicis quod rectum non esset, postularetur, ut aut libidinis

Fannius: Nein, fahre nur fort, Laelius. Denn ich gebe für den Jüngeren hier kraft meines Rechtes als Älterer gleich die Antwort mit!

(33) Scaevola: Recht hast du! Darum lass uns weiter hören!

10 Laelius: So hört also, ihr trefflichen Männer, was ich mit Scipio so oft über die Freundschaft erörtert habe. Freilich sagte er, nichts sei schwerer, als dass eine Freundschaft bis zum letzten Lebenstag bestehen bleibe. Denn es käme öfter vor, dass etwas nicht für beide gleichermaßen förderlich sei, oder man habe nicht die gleiche politische Überzeugung. Es wandelt sich, meinte er, des öfteren auch die Lebenseinstellung, manchmal durch Schicksalsschläge, manchmal auch, weil das Alter drückend werde. Und als Beispiel führte er eine vergleichbare Situation aus der frühen Jugend an, wo die größte Liebe zwischen Knaben oft mit dem Knabenkleid abgelegt werde. (34) Hat sich die Freundschaft aber bis zum Beginn des Mannesalters halten können, scheitert sie dennoch bisweilen durch einen Streit wegen eines Ehekontrakts oder wegen eines anderen Vorteils, den eben nicht beide zugleich erhalten können. Und falls einige die Freundschaft noch länger hätten aufrechterhalten können, käme es doch öfter zum Bruch, wenn sie in Konkurrenz um ein Amt geraten. Die schlimmste Pest, die Freundschaften bedroht, ist nämlich bei der Mehrzahl die Geldgier, gerade bei den Besten aber der Wettstreit um Ehre und Ruhm, woraus schon oft die bittersten Feindschaften zwischen engsten Freunden entstanden sind. (35) Zu schweren und sogar berechtigten Zerwürfnissen kommt es auch, wenn man von Freunden etwas fordert, was nicht recht ist, dass sie etwa der Sittenlosigkeit Vorschub leisten

ministri aut adiutores essent ad iniuriam; quod qui recusarent, quamvis honeste id facerent, ius tamen amicitiae deserere arguerentur ab iis quibus obsequi nollent. illos autem qui quidvis ab amico auderent postulare, postulatione ipsa profiteri omnia se amici causa esse facturos. eorum querela inveteratas non modo familiaritates exstingui solere, sed odia etiam gigni sempiterna. haec ita multa quasi fata inpendere amicitiis, ut omnia subterfugere non modo sapientiae, sed etiam felicitatis diceret sibi videri.

11 (36) Quam ob rem id primum videamus si placet, quatenus amor in amicitia progredi debeat. numne si Coriolanus habuit amicos, ferre contra patriam arma illi cum Coriolano debuerunt? num Vecellinum amici regnum adpetentem, num Maelium debuerunt iuvare? (37) Tib. quidem Gracchum rem publicam vexantem a Q. Tuberone aequalibusque amicis derelictum videbamus. at C. Blossius Cumanus hospes familiae vestrae, Scaevola, cum ad me, quod aderam Laenati et Rupilio consulibus in consilio, deprecatum venisset, hanc ut sibi ignoscerem causam adferebat, quod tanti Tib. Gracchum fecisset ut quidquid ille vellet, sibi faciendum putaret. tum ego: »etiamne si te in Capitoli-

sollen oder Hilfestellung bei unrechtem Tun. Die das ablehnen, tun es zwar zu Recht, ihnen wird aber doch von den anderen, denen sie nicht zu Willen sein wollten, der Vorwurf gemacht, sie verletzten das Recht der Freundschaft. Und die es wagen, einem Freund alles mögliche zuzumuten, wollen durch ebendiese Zumutung zu verstehen geben, sie ihrerseits würden ihrem Freund zuliebe alles tun! Sie sind dann beleidigt, und dadurch zerbrechen nicht nur alte Freundschaften, es entstehen daraus auch ewig dauernde Feindschaften. Diese so vielfältigen Gefahren schwebten gleichsam wie dunkle Schicksalswolken über jeder Freundschaft. Um ihnen allen zu entrinnen, meinte Scipio, brauchte man wohl nicht nur Weisheit, sondern auch Glück.

11 (36) Darum lasst uns, wenn es euch recht ist, zunächst feststellen, wie weit die Liebe in der Freundschaft gehen darf. Angenommen Coriolan hatte Freunde in Rom – durften diese mit ihm zusammen gegen die Vaterstadt in den Krieg ziehen? Durften die Freunde den Vecellinus bei seinem Streben nach Alleinherrschaft unterstützen oder den [Spurius] Maelius? (37) Dass Tiberius Gracchus, als er den Staat bedrohte, von Quintus Tubero und anderen gleichgesinnten Freunden verlassen wurde, das haben wir selbst erlebt. Anders war es mit Gaius Blossius aus Cumae, einem Gastfreund eurer Familie, Scaevola. Als er, um sich zu entschuldigen, zu mir kam – ich war nämlich Beisitzer im Rat der Konsuln Laenas und Rupilius –, da hat er als Begründung dafür, dass ich ihm Verzeihung gewähren sollte, angeführt, er habe den Tiberius Gracchus so hoch geschätzt, dass er glaubte, alles tun zu müssen, was dieser von ihm wollte. Da sagte ich: »Auch wenn er gewollt hätte, dass du

um faces ferre vellet?« »numquam« inquit »voluisset id quidem; sed si voluisset, paruissem.« videtis quam nefaria vox! et hercule ita fecit vel plus etiam quam dixit; non enim paruit ille Ti. Gracchi temeritati, sed praefuit, nec se comitem illius furoris, sed ducem praebuit. itaque hac amentia quaestione nova perterritus in Asiam profugit, ad hostes se contulit, poenas rei publicae graves iustasque persolvit. nulla est igitur excusatio peccati, si amici causa peccaveris; nam cum conciliatrix amicitiae virtutis opinio fuerit, difficile est amicitiam manere, si a virtute defeceris.

(38) Quodsi rectum statuerimus vel concedere amicis quidquid velint, vel inpetrare ab iis quidquid velimus, perfecta quidem sapientia si simus, nihil habeat res vitii; sed loquimur de iis amicis qui ante oculos sunt, quos videmus aut de quibus memoria accepimus, quos novit vita communis. ex hoc numero nobis exempla sumenda sunt et eorum quidem maxime qui ad sapientiam proxime accedunt. (39) videmus Papum Aemilium Luscino familiarem fuisse (sic a patribus accepimus), bis una consules, collegas in censura; tum et cum iis et inter se coniunctissimos fuisse

das Kapitol anzündest?« – »Niemals hätte er das gewollt«, antwortete Blossius, »aber wenn, dann hätte ich ihm gehorcht!« Da seht ihr – das sind doch verbrecherische Reden! Und wirklich, er handelte auch so, ja noch viel mehr, als er da sagte. Er hat nämlich Tiberius Gracchus bei seinem Wahnsinnsunternehmen nicht nur gehorcht, er hat eine führende Rolle gespielt und sich nicht nur als Genosse bei seiner Raserei, sondern als Anführer zur Verfügung gestellt. Und in diesem Wahn ist er dann durch das neuerliche Untersuchungsverfahren so in Panik geraten, dass er nach Kleinasien floh, sich den Feinden anschloss und mit schwerer, doch gerechter Strafe für sein Vergehen am Staat büßte. Es ist also keine Entschuldigung für ein Unrecht, wenn man es einem Freund zuliebe begeht. Denn wenn das Bild der Tugend, das man sich von jemandem gemacht hat, die Freundschaft stiftete, dann kann diese schwerlich bestehen bleiben, wenn der andere den Pfad der Tugend verlässt.

(38) Wenn wir es also für richtig hielten, den Freunden alles zu bewilligen, was sie wollen, und von ihnen alles zu erlangen, was wir wollen, so wäre das nichts Schlimmes, vorausgesetzt allerdings, dass wir die vollkommene Weisheit besäßen. Aber wir sprechen ja von solchen Freunden, wie wir sie in Wirklichkeit vor uns haben, die wir sehen oder an die wir uns erinnern, eben wie man sie im Leben gemeinhin kennt; von ihnen müssen wir unsere Beispiele nehmen, und zwar hauptsächlich von denen, die der Weisheit am nächsten kommen. (39) Wir sehen, dass Aemilius Papus mit [Fabricius] Luscinus eng befreundet war – so haben wir es von unseren Vätern gehört: Zweimal waren sie zusammen Konsuln, beide waren auch Kollegen im Amt

M'. Curium Ti. Coruncanium memoriae proditum est. igitur ne suspicari quidem possumus quemquam horum ab amico quidpiam contendisse quod contra fidem, contra ius iurandum, contra rem publicam esset. nam hoc quidem in talibus viris quid adtinet dicere, si contendisset, impetraturum non fuisse? cum illi sanctissimi viri fuerint, aeque autem nefas sit tale aliquid et facere rogatum et rogare. at vero Tib. Gracchum sequebantur C. Carbo, C. Cato et minime tum quidem C. frater, nunc idem acerrimus.

12 (40) Haec igitur lex in amicitia sanciatur ut neque rogemus res turpes nec faciamus rogati. turpis enim excusatio est et minime accipienda cum in ceteris peccatis tum si quis contra rem publicam se amici causa fecisse fateatur. etenim eo loco, Fanni et Scaevola, locati sumus, ut nos longe prospicere oporteat futuros casus rei publicae. deflexit iam aliquantum de spatio curriculoque consuetudo maiorum.

(41) Tib. Gracchus regnum occupare conatus est vel regnavit is quidem paucos menses. num quid simile populus Romanus audierat aut viderat? hunc etiam post mortem

des Zensors. Und der Überlieferung zufolge waren mit ihnen auch Manius Curius und Tiberius Coruncanius eng verbunden, beide auch selbst gute Freunde. Da kann uns also nicht einmal der Verdacht kommen, einer dieser Männer habe von seinem Freund etwas verlangt, was gegen Treu und Glauben, gegen ihren Eid oder gegen das Staatswohl gewesen wäre. Denn was braucht man bei solchen Männern erst zu versichern, dass einer so etwas, selbst wenn er es gefordert, es doch niemals erhalten hätte! Es waren ja untadelige Männer; und es wäre gleichermaßen unrecht, derartiges auf eine Bitte hin zu tun wie es zu erbitten. Dennoch folgten dem Tiberius Gracchus ein Gaius Carbo, Gaius Cato und sein eigener Bruder Gaius – damals zwar weniger, er vertritt aber jetzt seine Sache mit allem Eifer.

12 (40) Das soll uns also als unverbrüchliches Gesetz in der Freundschaft gelten, dass wir etwas Unehrenhaftes weder erbitten noch es auf Bitten hin tun. Schändlich und keineswegs annehmbar ist nämlich die Entschuldigung – schon bei anderen Verfehlungen, besonders aber bei solchen gegen den Staat –, wenn jemand erklärt, er habe um des Freundes willen so gehandelt. Denn wir sind unserem Rang entsprechend verpflichtet, Fannius und Scaevola, weit vorauszuschauen auf die künftigen Geschicke unseres Staates. Die Art, wie unsere Vorfahren den Staat verwalteten, ist ja schon ein ganzes Stück von ihrem Platz und ihrer Bahn abgekommen.[22]

(41) Tiberius Gracchus unternahm den Versuch, die Königsmacht an sich zu reißen, das heißt, er hatte sie wirklich inne, freilich nur für ein paar Monate. Hatte das Römervolk je schon etwas ähnliches gehört oder gesehen? Ihm blieben

secuti amici et propinqui quid in P. Scipione effecerint, sine lacrimis non queo dicere. nam Carbonem quocumque modo potuimus propter recentem poenam Tib. Gracchi sustinuimus; de C. Gracchi autem tribunatu quid expectem, non lubet augurari. serpit † deinde res, quae proclivis ad perniciem cum semel coepit, labitur. videtis in tabella iam ante quanta sit facta labes, primo Gabinia lege, biennio autem post Cassia. videre iam videor populum a senatu disiunctum, multitudinis arbitrio res maximas agi. (42) plures enim discent quem ad modum haec fiant quam quem ad modum his resistatur. quorsum haec? quia sine sociis nemo quicquam tale conatur. praecipiendum est igitur bonis, ut si in eius modi amicitias ignari casu aliquo inciderint, ne existiment ita se alligatos ut ab amicis in magna aliqua re publica peccantibus non discedant; inprobis autem poena statuenda est nec vero minor iis qui secuti erunt alterum, quam iis qui ipsi fuerint impietatis duces. quis clarior in Graecia Themistocle, quis potentior? qui cum imperator bello Persico servitute Graeciam liberavisset propterque

auch nach seinem Tod seine Freunde und seine Verwandten weiterhin treu; was sie gegen Publius Scipio ins Werk gesetzt haben, das kann ich ohne Tränen gar nicht aussprechen.[23] Den Carbo haben wir, so gut wir es eben konnten, noch hingenommen, da ja Tiberius Gracchus kurz zuvor seine Strafe gefunden hatte. Was ich jedoch vom Tribunat des Gaius Gracchus erwarte, das möchte ich lieber gar nicht voraussagen. Es greift allmählich etwas um sich, das, wenn es einmal angefangen hat, nur allzu rasch ins Verderben führt. Ihr seht ja, wie großer Schaden schon früher durch das Abstimmungsverfahren angerichtet wurde, erst mit dem Gesetz des Gabinius, zwei Jahre darauf mit dem des Cassius. Ich sehe schon das Volk völlig vom Senat getrennt und die wichtigsten Entscheidungen nach dem Gutdünken der Masse getroffen. Mehr Leute werden nämlich lernen, auf welche Art man solche Dinge anstellt, als auf welche Art man ihnen zu widerstehen habe.[24] (42) Wozu sage ich das? Weil ohne Helfershelfer keiner einen solchen Versuch unternehmen kann. Darum gilt es, den staatstreu gesinnten Bürgern folgendes einzuschärfen: Wenn sie ohne ihr Wissen, durch irgendeinen Zufall in Freundschaften dieser Art hineingeraten sind, dann sollen sie sich keinesfalls so gebunden fühlen, dass sie sich von ihren Freunden, die einen schweren Frevel gegen das Gemeinwohl begehen, nicht lossagen dürften. Die Übeltäter müssen ihre Strafe erhalten; diese darf aber durchaus nicht geringer sein für solche, die einem anderen gefolgt sind, als für diejenigen, die Haupträdelsführer bei dem verbrecherischen Unternehmen waren. Wer war denn berühmter in Griechenland als Themistokles, wer war mächtiger? Doch nachdem er als Feldherr im Perserkrieg Griechenland vom Joch der

invidiam in exilium expulsus esset, ingratae patriae iniuriam non tulit quam ferre debuit, fecit idem quod XX annis ante apud nos fecerat Coriolanus. his adiutor contra patriam inventus est nemo; itaque mortem sibi uterque conscivit. (43) quare talis inproborum consensio non modo excusatione amicitiae tegenda non est, sed potius supplicio omni vindicanda est, ut ne quis concessum putet amicum vel bellum patriae inferentem sequi; quod quidem ut res ire coepit, haud scio an aliquando futurum sit. mihi autem non minori curae est qualis res publica post mortem meam futura, quam qualis hodie sit.

13 (44) Haec igitur prima lex amicitiae sanciatur ut ab amicis honesta petamus, amicorum causa honesta faciamus, ne exspectemus quidem dum rogemur; studium semper adsit, cunctatio absit; consilium vero dare audeamus libere. plurimum in amicitia amicorum bene suadentium valeat auctoritas eaque et adhibeatur ad monendum non modo aperte, sed etiam acriter, si res postulabit, et adhibitae pareatur.

(45) Nam quibusdam quos audio sapientes habitos in Graecia, placuisse opinor mirabilia quaedam (sed nihil est quod illi non persequantur argutiis): partim fugiendas esse

Knechtschaft befreit hatte und dann aufgrund von neidvollen Intrigen in die Verbannung getrieben worden war, da hat er die ungerechte Behandlung durch sein undankbares Vaterland nicht hingenommen, die er doch hätte ertragen sollen. Er tat das gleiche wie zwanzig Jahre zuvor Coriolan bei uns. Aber es fand sich bei ihnen niemand als Helfer gegen das Vaterland, und so gaben sich beide den Tod. (43) Daher darf man ein solches Einvernehmen von Frevlern nicht mit Freundschaft bemänteln, man muss es vielmehr mit aller Strenge ahnden, damit keiner meint, es sei erlaubt, dem Freund auch zu folgen, wenn er sogar einen Krieg gegen das Vaterland entfacht. So wie die Dinge sich entwickeln, wird dieser Fall wohl in Zukunft einmal eintreten.[25] Ich sorge mich aber um die Lage des Staates, wie sie nach meinem Tod sein wird, nicht minder als um die heutige.

13 (44) Das also soll als oberstes Gesetz der Freundschaft gelten, dass wir von Freunden nur Ehrenhaftes fordern, nur Ehrenhaftes Freunden zuliebe tun, ja dass wir damit gar nicht abwarten, bis wir darum gebeten werden. Wir halten uns stets bereit, da gibt es kein Zögern; auch freimütig unseren Rat zu erteilen sollen wir uns keineswegs scheuen. Größtes Gewicht soll in einer Freundschaft das Ansehen wohlmeinender Freunde haben, dieses Ansehen soll eingesetzt werden, um nicht nur offen, sondern auch, wenn es sein muss, mit Nachdruck zu ermahnen, und wo es geltend gemacht wird, soll man ihm auch gehorchen.

(45) Freilich haben da einige Männer, die, wie ich höre, in Griechenland als Weise gelten, ganz wunderliche Ansichten vertreten[26] – es gibt ja nichts, was die Griechen nicht mit ihrer Spitzfindigkeit behandelt hätten –, einige

nimias amicitias, ne necesse sit unum sollicitum esse pro pluribus; satis superque esse sibi suarum cuique rerum, alienis nimis implicari molestum esse; commodissimum esse quam laxissimas habenas habere amicitiae, quas vel adducas cum velis, vel remittas; caput enim esse ad beate vivendum securitatem qua frui non possit animus, si tamquam parturiat unus pro pluribus. (46) alios autem dicere aiunt multo etiam inhumanius (quem locum breviter paulo ante perstrinxi) praesidii adiumentique causa, non benivolentiae neque caritatis amicitias esse expetendas; itaque ut quisque minimum firmitatis haberet minimumque virium, ita amicitias adpetere maxime; ex eo fieri ut mulierculae magis amicitiarum praesidia quaerant quam viri et inopes quam opulenti et calamitosi quam ii qui putentur beati. (47) o praeclaram sapientiam! solem enim e mundo tollere videntur qui amicitiam e vita tollunt, qua nihil a dis inmortalibus melius habemus, nihil iucundius. quae est enim ista securitas? specie quidem blanda, sed reapse multis locis repudianda. neque enim est consentaneum ullam honestam rem actionemve, ne sollicitus sis, aut non suscipere aut susceptam deponere. quodsi curam fugimus, vir-

erklären also, auf einen zu großen Freundeskreis solle man verzichten, damit sich nicht einer um viele kümmern müsse; jeder habe ja mit seinen eigenen Angelegenheiten mehr als genug zu tun, sich in fremde allzu sehr einzulassen, das bringe nur Belastung mit sich. Am bequemsten sei es, die Zügel der Freundschaft möglichst lang zu lassen, damit man sie nach Belieben anziehen oder lockern kann. Die Hauptsache für ein glückliches Leben sei es nämlich, frei von Sorgen zu sein. In diesen Genuss kann man aber nicht kommen, wenn man als einzelner sozusagen für mehrere die Geburtswehen durchmachen muss. (46) Andere wieder, so heißt es, behaupten etwas, das noch viel weniger der menschlichen Natur entspricht – ich habe diesen Punkt zuvor schon kurz angesprochen: Man müsse, um Schutz und Hilfe zu haben, Freundschaften schließen, nicht aus Zuneigung und Liebe. Das heißt also, wer die geringste Stärke und die wenigsten Kräfte besitzt, der sucht auch am meisten nach Freunden. Daher kommt es, sagen sie, dass das schwache Geschlecht mehr auf den Schutz der Freundschaft aus ist als die Männer, die Armen mehr als die Reichen, die Unglücklichen mehr als die, die man als glücklich ansieht. (47) Was für eine herrliche Weisheit! Der nimmt doch wohl die Sonne aus der Welt, der die Freundschaft aus dem Leben nimmt; nichts Besseres haben uns doch die unsterblichen Götter geschenkt, nichts Angenehmeres. Was ist denn dieses Freisein von Sorgen? Dem äußeren Schein nach ist es zwar verlockend, in Wirklichkeit aber in vielfacher Hinsicht abzulehnen. Es ist nämlich keinesfalls in Ordnung, irgendeine ehrenhafte Angelegenheit nicht zu übernehmen oder sie, nachdem man sie übernommen hat, wieder aufzugeben – nur damit man sich keine Sorgen ma-

tus fugienda est quae necesse est cum aliqua cura res sibi contrarias aspernetur atque oderit, ut bonitas malitiam, temperantia lubidinem, ignaviam fortitudo; itaque videas rebus iniustis iustos maxime dolere, inbellibus fortes, flagitiosis modestos. ergo hoc proprium est animi bene constituti et laetari bonis rebus et dolere contrariis.

(48) Quam ob rem, si cadit in sapientem animi dolor, qui profecto cadit, nisi ex eius animo exstirpatam humanitatem arbitramur, quae causa est cur amicitiam funditus tollamus e vita, ne aliquas propter eam suscipiamus molestias? quid enim interest motu animi sublato non dico inter pecudem et hominem, sed inter hominem et truncum aut saxum aut quidvis generis eiusdem? neque enim sunt isti audiendi qui virtutem duram et quasi ferream esse quandam volunt; quae quidem est cum multis in rebus tum in amicitia tenera atque tractabilis, ut et bonis amici quasi diffundatur et incommodis contrahatur. quam ob rem angor iste qui pro amico saepe capiendus est, non tan-

chen muss! Wenn man Sorgen und Mühen vermeiden will, dann muss man auch die Tugend meiden, da man sich notwendigerweise darum sorgen muss, alles, was im Gegensatz zu ihr steht, zurückzuweisen und abzulehnen: Redlichkeit weist die Schlechtigkeit zurück, Mäßigkeit die Begierden, Tapferkeit die Feigheit. So kann man sehen, dass über Ungerechtigkeiten Gerechte am meisten bekümmert sind, Tapfere über Feigheit, über Schändlichkeiten die Gesitteten. Es ist also das Wesensmerkmal eines Menschen, der nach rechten Grundsätzen lebt, sich an edlen Dingen zu erfreuen und über Gegenteiliges betrübt zu sein.

(48) Wenn daher auch den Weisen ein Schmerz in seinem Innern treffen kann – und er trifft ihn wirklich, falls wir nicht annehmen, aus seinem Herzen sei jegliches menschliche Gefühl getilgt –, welchen Grund gäbe es dann, die Freundschaft ganz aus dem Leben auszuschließen, nur um nicht ihretwegen irgendwelche Beschwerlichkeiten auf sich nehmen zu müssen? Denn wenn man jede Gemütsregung ausschaltet, welcher Unterschied besteht da noch – ich will nicht sagen zwischen einem Menschen und einem Tier, sondern zwischen einem Menschen und einem Holzklotz, einem Felsen oder sonst einem Ding dieser Art? Man darf nämlich nicht auf solche Leute hören, die die Tugend hart und wie aus Eisen haben wollen;[27] sie ist vielmehr wie in vielen anderen Dingen so auch in der Freundschaft weich und nachgiebig: So weitet sich unser Herz ja geradezu beim Wohlergehen des Freundes, bei seinem Unglück aber schnürt es sich zusammen. Daher wiegt die Angst, die man für den Freund oft ausstehen muss, nicht so schwer, dass sie die Freundschaft aus dem Leben bannen könnte. Ebenso wenig dürfte man die Tugenden

tum valet ut tollat e vita amicitiam, non plus quam ut virtutes, quia non nullas curas et molestias adferunt, repudientur.

14 Cum autem contrahat amicitiam ut supra dixi, si qua significatio virtutis eluceat, ad quam se similis animus adplicet et adiungat, id cum contigit, amor exoriatur necesse est. (49) quid enim tam absurdum quam delectari multis inanibus rebus ut honore ut gloria ut aedificio ut vestitu cultuque corporis, animante virtute praedito, eo qui vel amare vel ut ita dicam, redamare possit, non admodum delectari? nihil est enim remuneratione benivolentiae, nihil vicissitudine studiorum officiorumque iucundius.

(50) Quid si illud etiam addimus quod recte addi potest, nihil esse quod ad se rem ullam tam alliciat et attrahat quam ad amicitiam similitudo? concedetur profecto verum esse, ut bonos boni diligant adsciscantque sibi quasi propinquitate coniunctos atque natura. nihil est enim appetentius similium sui nec rapacius quam natura. quam ob rem hoc quidem, Fanni et Scaevola, constet ut opinor bonis inter bonos quasi necessariam benivolentiam, qui est amicitiae fons a natura constitutus. sed eadem bonitas etiam ad multitudinem pertinet. non enim est inhumana virtus neque inmunis neque superba, quae etiam populos universos

ablehnen, weil sie einiges an Sorge und Beschwernis mit sich bringen.

14 Da Freundschaft aber entsteht, wie ich vorhin sagte, wenn irgendein Merkmal einer vorbildlichen Haltung hervorleuchtet, dem sich eine verwandte Seele zuwenden und anschließen möchte, so muss, wenn das eintritt, daraus auch liebende Zuneigung entstehen. (49) Es wäre doch höchst unvernünftig, sich zwar an allerlei leblosen Dingen zu erfreuen, wie an Ehre und Ruhm, Haus, Kleidung und Schmuck des Körpers, an einem lebenden Wesen aber, das von Tugend geprägt ist, das lieben und sozusagen wiederlieben kann, keine besondere Freude zu haben! Es gibt doch nichts Erfreulicheres als erwiderte Zuneigung, als gegenseitige Neigungen und Austausch von Gefälligkeiten.

(50) Und wie – wenn wir noch hinzufügen, was mit Recht dazu gehört: dass es nichts gibt, was ein anderes solchermaßen anlockt und an sich zieht, wie eine Übereinstimmung im Wesen zur Freundschaft hinzieht? Dann wird man doch zugestehen müssen, es sei richtig, dass Gute nur Gute hochschätzen und diese an sich ziehen, als wären sie durch natürliche Verwandtschaft mit ihnen verbunden. Nichts verlangt ja mehr nach seinesgleichen und greift so stark danach wie unsere Natur. Aus diesem Grund muss also feststehen, mein Fannius und Scaevola, dass zwischen Guten ein naturnotwendiges Band der Sympathie besteht, und das hat die Natur als Quelle der Freundschaft so eingerichtet. Doch diese Haltung der Guten kommt auch der breiten Masse zugute: Die Tugend ist nämlich nicht menschenfeindlich, ungefällig oder überheblich. Sie ist es ja gewohnt, die Völker insgesamt in ihren Schutz zu nehmen und aufs beste für sie zu sorgen, was sie gewiss nicht täte,

tueri eisque optime consulere soleat; quod non faceret profecto, si a caritate vulgi abhorreret.

(51) Atque etiam mihi quidem videntur qui utilitatum causa fingunt amicitias, amabilissimum nodum amicitiae tollere. non enim tam utilitas parta per amicum quam amici amor ipse delectat tumque illud fit, quod ab amico est profectum, iucundum, si cum studio est profectum; tantumque abest ut amicitiae propter indigentiam colantur, ut ii qui opibus et copiis maximeque virtute, in qua plurimum est praesidii, minime alterius indigeant, liberalissimi sint et beneficentissimi. atque haud sciam an ne opus sit quidem nihil umquam omnino deesse amicis. ubi enim studia nostra viguissent, si numquam consilio, numquam opera nostra nec domi nec militiae Scipio eguisset? non igitur utilitatem amicitia, sed utilitas amicitiam secuta est.

15 (52) Non ergo erunt homines deliciis diffluentes audiendi, si quando de amicitia quam nec usu nec ratione habent cognitam, disputabunt. nam quis est pro deorum fidem atque hominum! qui velit ut neque diligat quemquam nec ipse ab ullo diligatur, circumfluere omnibus copiis atque in omnium rerum abundantia vivere? haec enim est tyrannorum vita nimirum, in qua nulla fides, nulla

wenn sie sich der allgemeinen Menschenliebe verschließen würde.

(51) Ja mir scheinen sogar die Leute, die aus Nützlichkeitsgründen ihre falschen Vorstellungen von Freundschaft pflegen, gerade das Liebenswerteste am Freundschaftsbund aufzulösen: Unsere Freude kommt doch nicht so sehr aus dem Nutzen, den wir durch einen Freund gewonnen haben, als vielmehr aus der Liebe des Freundes, und was wir vom Freund erhalten, wird uns erst dann lieb, wenn seine Gabe den Stempel seiner Zuneigung trägt. Und weit davon entfernt, dass Freundschaften aus Mangel und Bedürfnis gepflegt werden, ist es sogar so: Wer aufgrund seiner Machtmittel, seines Vermögens, hauptsächlich aber aufgrund seiner Tüchtigkeit, die den besten Schutz bietet, am wenigsten einen anderen braucht, gerade der ist besonders freigebig und wohltätig. Es wäre vielleicht aber auch nicht angebracht, wenn Freunde überhaupt nie etwas bräuchten. Wie hätte denn mein Bemühen um die Freundschaft sich bewähren können, wenn Scipio niemals meinen Rat, niemals meine Hilfe gebraucht hätte, weder daheim noch im Krieg? So ist also nicht die Freundschaft ihrem Nutzen gefolgt, wohl aber hatte die Freundschaft auch Nutzen im Gefolge.

15 (52) Man wird also auf Leute, die im Genussleben dahinschwimmen, nicht hören dürfen, wenn sie da einmal über die Freundschaft sprechen, von der sie doch weder im Reden noch im Tun einen Begriff haben, denn – Götter und Menschen seien meine Zeugen – wer will schon unter der Bedingung, dass er selbst keinen liebt noch von jemand geliebt wird, in größtem Überfluss und Schwelgerei leben? So nämlich sieht ja das Leben der Tyrannen aus, in dem es

caritas, nulla stabilis benivolentiae potest esse fiducia, omnia semper suspecta atque sollicita, nullus locus amicitiae. (53) quis enim aut eum diligat quem metuat, aut eum a quo se metui putet? coluntur tamen simulatione dumtaxat ad tempus. quodsi forte ut fit plerumque ceciderunt, tum intellegitur quam fuerint inopes amicorum. quod Tarquinium dixisse ferunt exulantem tum se intellexisse quos fidos amicos habuisset, quos infidos, cum iam neutris gratiam referre posset. (54) quamquam miror, illa superbia et inportunitate si quemquam amicum habere potuit. atque ut huius quem dixi mores veros amicos parare non potuerunt, sic multorum opes praepotentium excludunt amicitias fideles. non enim solum ipsa Fortuna caeca est, sed eos etiam plerumque efficit caecos quos conplexa est; itaque efferuntur fere fastidio et contumacia nec quicquam insipiente fortunato intolerabilius fieri potest. atque hoc quidem videre licet eos qui antea commodis fuerint moribus, imperio potestate prosperis rebus immutari. sperni ab iis veteres amicitias, indulgeri novis. (55) quid autem stultius quam cum plurimum copiis facultatibus opibus possint, cetera parare quae parantur pecunia, equos famulos vestem

keine Treue, keine Liebe, kein Vertrauen auf eine unerschütterliche Zuneigung geben kann, wo es überall nur Verdacht und argwöhnische Unruhe gibt und keinen Platz für die Freundschaft. (53) Denn wer könnte einen lieben, den er fürchten muss, oder einen, von dem er sich gefürchtet weiß? Man bemüht sich zwar auch um sie, allerdings nur zum Schein und nur eine bestimmte Zeit lang. Wenn sie dann, wie es meist geschieht, gestürzt worden sind, dann sieht man erst, wie sehr ihnen Freunde fehlten. Tarquinius soll gesagt haben, erst jetzt, in der Verbannung, habe er erkannt, an welchen Männern er treue, an welchen er untreue Freunde besessen habe, jetzt, da er es keinem von ihnen mehr vergelten könne. (54) Ich wundere mich freilich, wie er bei seinem berüchtigten Hochmut und seinem schroffen Wesen überhaupt jemanden zum Freund haben konnte. Denn wie er, von dem ich gerade sprach, sich bei seinem Charakter keine wahren Freunde gewinnen konnte, so schließt bei vielen, die übermächtig sind, ihre Machtstellung treue Freundschaften geradezu aus. Fortuna ist nämlich nicht nur selbst blind; sie macht auch zumeist die zu Blinden, die sie in ihre Arme geschlossen hat. So überheben sie sich in der Regel in Hochmut und Starrsinn, und es kann nichts Unerträglicheres geben als solch einen, der töricht auf sein Glück pocht. Und man kann auch erleben, dass Männer, die früher durchaus umgänglich waren, durch Befehlsgewalt, Macht und Erfolg geradezu umgewandelt werden, dass sie ihre alten Freunde verachten und neuen ihre Gunst schenken. (55) Was ist aber törichter, als wenn einer, dem aufgrund von Reichtum, Geld und Macht alles offensteht, nun all das übrige erwirbt, was für Geld zu haben ist: Pferde, Diener, prächtige Kleidung, kostbare Gefä-

egregiam vasa pretiosa, amicos non parare, optimam et pulcherrimam vitae ut ita dicam supellectilem? etenim cetera cum parant, cui parent nesciunt, nec cuius causa laborent (eius enim est istorum quidque qui vicit viribus), amicitiarum sua cuique permanet stabilis et certa possessio; ut etiamsi illa maneant, quae sunt quasi dona Fortunae, tamen vita inculta et deserta ab amicis non possit esse iucunda. sed haec hactenus.

16 (56) Constituendi autem sunt qui sint in amicitia fines et quasi termini deligendi. de quibus tres video sententias ferri, quarum nullam probo, unam ut eodem modo erga amicum adfecti simus quo erga nosmet ipsos, alteram ut nostra in amicos benivolentia illorum erga nos benivolentiae pariter aequaliterque respondeat, tertiam ut quanti quisque se ipse facit, tanti fiat ab amicis. harum trium sententiarum nulli prorsus adsentior. (57) nec enim illa prima vera est, ut quem ad modum in se quisque sit, sic in amicum sit animatus. quam multa enim quae nostra causa numquam faceremus, facimus causa amicorum! precari ab indigno, supplicare, tum acerbius in aliquem invehi insectarique vehementius, quae in nostris rebus non satis honeste, in amicorum fiunt honestissime; multaeque res

ße – sich aber keine Freunde erwirbt, den, wenn ich so sagen darf, allerbesten und schönsten Hausrat fürs Leben. Wer sich nämlich die anderen Dinge anschafft, der weiß letztlich nicht, für wen er es tut und für wen er sich abmüht. Denn alle diese Güter gehören ja am Ende dem, der die Oberhand hat. Freunde aber bleiben für einen jeden ein beständiges und sicheres Besitztum. Und selbst wenn die erwähnten Güter, die sozusagen Geschenke der Fortuna sind, uns erhalten bleiben, dann kann ein Leben, ganz öde und verlassen von Freunden, uns keine Freude machen. So viel nun hierzu.

16 (56) Es gilt nun noch genau zu bestimmen, welches die Grenzlinien der Freundschaft sind und gewissermaßen die Marksteine, die wir zu setzen haben. Hierüber werden, wie ich sehe, drei verschiedene Auffassungen vertreten, von denen ich freilich keine billigen kann. Die eine möchte, dass wir gegen den Freund ebenso gesinnt sein sollen wie gegen uns selbst; die zweite besagt, unser Wohlwollen gegenüber dem Freund soll dem gegen uns selbst gleich sein und genau entsprechen, die dritte meint, dass jeder von den Freunden so hoch geschätzt werden soll, wie er selbst sich einschätzt. (57) Von diesen drei Auffassungen kann ich durchaus keiner zustimmen. Die erste, nämlich dass jeder so gegen den anderen gesinnt sein soll wie gegen sich selbst, entspricht nicht der Wirklichkeit. Wie vieles tun wir doch den Freunden zuliebe, was wir für uns niemals tun würden: einen Unwürdigen bitten, ihn demütig anflehen, dann wieder einen scharf anfahren und ihm recht heftig zusetzen, Dinge, die in eigener Sache uns nicht gerade zur Ehre gereichen würden, für Freunde aber höchst ehrenvoll sind. Und so gibt es viele Lebens-

sunt, in quibus de suis commodis viri boni multa detrahunt detrahique patiuntur, ut iis amici potius quam ipsi fruantur.

(58) Altera sententia est quae definit amicitiam paribus officiis ac voluntatibus. hoc quidem est nimis exigue et exiliter ad calculos vocare amicitiam, ut par sit ratio acceptorum et datorum. divitior mihi et affluentior videtur esse vera amicitia nec observare restricte ne plus reddat quam acceperit; neque enim verendum est, ne quid excidat aut ne quid in terram defluat aut ne plus aequo quid in amicitiam congeratur.

(59) Tertius vero ille finis deterrimus, ut quanti quisque se ipse faciat, tanti fiat ab amicis. saepe enim in quibusdam aut animus abiectior est aut spes amplificandae fortunae fractior. non est igitur amici talem esse in eum qualis ille in se est, sed potius eniti et efficere ut amici iacentem animum excitet inducatque in spem cogitationemque meliorem.

Alius igitur finis verae amicitiae constituendus est, si prius quid maxime reprehendere Scipio solitus sit, dixero. negabat ullam vocem inimiciorem amicitiae potuisse reperiri quam eius qui dixisset ita amare oportere, ut si aliquando esset osurus; nec vero se adduci posse ut hoc, quem

lagen, in denen gutgesinnte Menschen ihren eigenen Vorteil vielfach zurückstellen und Nachteile hinnehmen, damit die Vorteile lieber ihren Freunden als ihnen selbst zugutekommen.

(58) Die zweite Meinung beschränkt Freundschaft auf ein gleiches Maß an Dienstleistungen und gutem Willen auf beiden Seiten. Das heißt doch wahrlich die Freundschaft einer gar zu kümmerlichen und kleinlichen Berechnung zu unterwerfen, damit nur ja die Rechnung von Einnahmen und Ausgaben glatt aufgeht. Reicher und großzügiger scheint mir wahre Freundschaft zu sein, nicht engherzig darauf bedacht, nicht mehr auszugeben als einzunehmen. Man braucht sich doch keine Sorgen zu machen, dass etwas verlorengeht, verschüttet wird oder dass man mehr als billig in die Freundschaft investiert hat.

(59) Die dritte Grenzbestimmung vollends kommt ganz und gar nicht in Frage: Jeder solle von seinen Freunden so eingeschätzt werden, wie er sich selbst achtet. Mancher ist doch oftmals zu verzagt oder hat keine rechte Hoffnung mehr auf eine Besserung seiner Lage. Da ist es ganz und gar nicht die Art eines Freundes, so gegen ihn eingestellt zu sein wie er selbst; vielmehr soll er nach Kräften dahin wirken, den Freund in seiner Niedergeschlagenheit aufzurichten und ihm zu einer hoffnungsvolleren Stimmung und einer besseren Meinung von sich selbst zu verhelfen.

Anders wird man also die Grenzen wahrer Freundschaft festsetzen müssen. Zuvor will ich euch aber noch sagen, was Scipio gewöhnlich am meisten kritisierte. Er sagte, die feindseligste Äußerung über die Freundschaft sei doch die Behauptung des Mannes, der gesagt habe, man müsse so lieben, wie wenn man einmal hassen würde. Scipio sagte

ad modum putaretur, a Biante esse dictum crederet, qui sapiens habitus esset unus e septem; impuri cuiusdam aut ambitiosi aut omnia ad suam potentiam revocantis esse sententiam. quonam enim modo quisquam amicus esse poterit ei cui se putabit inimicum esse posse? quin etiam necesse erit cupere et optare ut quam saepissime peccet amicus, quo plures det sibi tamquam ansas ad reprehendendum; rursum autem recte factis commodisque amicorum necesse erit angi dolere invidere. (60) quare hoc quidem praeceptum, cuiuscumque est, ad tollendam amicitiam valet; illud potius praecipiendum fuit ut eam diligentiam adhiberemus in amicitiis comparandis, ut ne quando amare inciperemus eum quem aliquando odisse possemus. quin etiam, si minus felices in deligendo fuissemus, ferendum id Scipio potius quam inimicitiarum tempus cogitandum putabat.

17 (61) His igitur finibus utendum arbitror, ut cum emendati mores amicorum sint, tum sit inter eos omnium rerum consiliorum voluntatum sine ulla exceptione communitas, ut etiamsi qua fortuna acciderit ut minus iustae amicorum voluntates adiuvandae sint, in quibus eorum aut caput agatur aut fama, declinandum de via sit, modo ne

auch, er lasse sich nie und nimmer davon überzeugen, dieses Wort stamme von Bias, der als einer der Sieben Weisen gelte. So denke doch nur ein ganz minderwertiger Mensch, ein Ehrgeizling oder einer, der alles nur im Blick auf seine eigene Machtposition sieht. Wie soll denn einer demjenigen ein Freund sein, von dem er sich vorstellt, er könne auch dessen Feind sein! Ja, er müsste dann sogar sehnlich wünschen, dass der Freund sich möglichst oft etwas zuschulden kommen lässt, um ihm selbst damit sozusagen desto mehr Anhaltspunkte zu bieten, ihn festzunageln. Umgekehrt wird er zwangsläufig über rechtes Handeln und Erfolg der Freunde Ärger, Verbitterung und Neid empfinden. (60) Deshalb ist diese Vorschrift, von wem sie auch sei, geeignet, die Freundschaft zu zerstören. Der Grundsatz hätte eher so lauten müssen: Wir sollten bei der Wahl von Freunden solche Sorgfalt anwenden, dass wir zu Anfang niemals einen lieben, den wir später einmal hassen müssen.[28] Ja, wenn wir in unserer Wahl weniger glücklich gewesen seien, so müsse man das eher hinnehmen, meinte Scipio, anstatt nach einer Gelegenheit zum Beginn einer offenen Feindschaft Ausschau zu halten.

17 (61) An folgende Grenzziehung haben wir uns also meiner Meinung nach zu halten: Unter Freunden soll, wenn ihre sittliche Haltung ohne Tadel ist, in allen Angelegenheiten, Plänen und Vorhaben ausnahmslos Gemeinsamkeit bestehen. Denn wenn es durch irgendeinen Zufall so weit käme, dass einmal weniger berechtigte Wünsche von Freunden unsere Unterstützung brauchten, wobei es um ihre Existenz oder um ihren guten Ruf geht, dann müssen wir auch einmal vom rechten Weg abweichen. Nur dürfen sich daraus keine höchst ehrenrührigen

summa turpitudo sequatur; est enim quatenus amicitiae dari venia possit. nec vero neglegenda est fama nec mediocre telum ad res gerendas existimare oportet benivolentiam civium; quam blanditiis et adsentando colligere turpe est; virtus quam sequitur caritas, minime repudianda est.

(62) Sed (saepe enim redeo ad Scipionem cuius omnis sermo erat de amicitia) querebatur quod omnibus in rebus homines diligentiores essent; capras et oves quot quisque haberet, dicere posse, amicos quot haberet, non posse dicere, et in illis quidem parandis adhibere curam, in amicis eligendis neglegentes esse nec habere quasi signa quaedam et notas, quibus eos qui ad amicitias essent idonei, iudicarent. sunt igitur firmi et stabiles et constantes eligendi; cuius generis est magna penuria. et iudicare difficile est sane nisi expertum; experiendum autem est in ipsa amicitia. ita praecurrit amicitia iudicium tollitque experiendi potestatem.

(63) Est igitur prudentis sustinere ut currum sic impetum benivolentiae, † quo utamur quasi equis temptatis sic amicitia ex aliqua parte periclitatis moribus amicorum.

Folgen ergeben.[29] Es ist bis zu einem gewissen Punkt vertretbar, der Freundschaft Konzessionen zu machen. Dabei darf man einerseits nicht seinen guten Ruf außer acht lassen, man sollte aber andererseits auch das Wohlwollen seiner Mitbürger als Einsatzmittel in der Politik nicht unterschätzen. Dieses Wohlwollen durch Schmeichelei und Liebedienerei zu gewinnen wäre ehrenrührig. Tüchtigkeit aber, die uns Sympathie einträgt, darf man durchaus nicht verschmähen.

(62) Doch Scipio – ich muss immer wieder auf ihn zurückkommen, sein Gespräch über die Freundschaft liegt ja meinen Ausführungen zugrunde –, Scipio also klagte öfter, die Menschen verhielten sich in allen möglichen anderen Dingen gewissenhafter:[30] Wie viele Ziegen und Schafe einer hat, das weiß jeder genau, wie viele Freunde aber, das kann er nicht sagen. Bei der Anschaffung der genannten Tiere treffen sie genaue Vorsorge; um die rechte Auswahl ihrer Freunde aber kümmern sie sich wenig, und sie haben sozusagen keine Unterscheidungsmerkmale, nach denen sie beurteilen könnten, wer zur Freundschaft geeignet sei. Es müssen also Personen ausgewählt werden, von festem, unerschütterlichem und zuverlässigem Charakter; an dieser Sorte Menschen aber herrscht großer Mangel. Auch ist es sicher schwierig, ohne vorherige Erprobung ein Urteil abzugeben, dieses kann aber erst im Lauf der Freundschaft erfolgen. So geht die Freundschaft der Beurteilung voraus und schließt die Möglichkeit einer vorherigen Erprobung aus.

(63) Es ist also klug, den Drang freundschaftlicher Zuneigung erst einmal zurückzuhalten, wie man die Pferde vor einem Wagen zurückhält, um von der Freundschaft

quidam saepe in parva pecunia perspiciuntur quam sint leves, quidam autem, quos parva movere non potuit, cognoscuntur in magna. sin vero erunt aliqui reperti qui pecuniam praeferre amicitiae sordidum existiment, ubi eos inveniemus qui honores magistratus imperia potestates opes amicitiae non anteponant, ut cum ex altera parte proposita haec sint, ex altera ius amicitiae, non multo illa malint? inbecilla enim est natura ad contemnendam potentiam; quam etiamsi neglecta amicitia consecuti sint, obscuratum iri arbitrantur, quia non sine magna causa sit neglecta amicitia.

(64) Itaque verae amicitiae difficillime reperiuntur in iis qui in honoribus reque publica versantur; ubi enim istum invenias qui honorem amici anteponat suo? quid? haec ut omittam quam graves, quam difficiles plerisque videntur calamitatum societates! ad quas non est facile inventu qui descendant. quamquam Ennius recte:

»amicus certus in re incerta cernitur«,

wie von einem Gespann erst nach vorheriger Erprobung Gebrauch zu machen, nämlich wenn wir den Charakter der Freunde einigermaßen auf die Probe gestellt haben. Manche kann man oft schon bei einer kleinen Geldsumme in ihrer Leichtfertigkeit durchschauen, andere wieder, die sich von einer kleinen Summe nicht beeinflussen ließen, lernt man bei einer großen kennen. Wenn sich aber doch einige finden, die es für niederträchtig halten, Geld der Freundschaft vorzuziehen – wo werden wir die ausfindig machen, die Ehrenstellen, Ämter, höchste Befehlsgewalt, Machtbefugnisse und politischen Einfluss nicht für wichtiger halten als die Freundschaft? Und wenn ihnen auf der einen Seite diese Dinge, auf der anderen der Anspruch der Freundschaft vor Augen gestellt würde, hätten sie dann nicht viel lieber doch das erstere? Schwach ist unsere Natur, wenn es gilt, die Macht zu verachten! Und wenn man sie unter Missachtung der Freundschaft erlangt hat, geht man davon aus, der Verrat an der Freundschaft werde vom Schleier des Vergessens bedeckt werden, schließlich habe man sie ja nicht ohne einen triftigen Grund außer acht gelassen.

(64) So erklärt es sich, dass man wahre Freundschaft nur schwer bei Männern antrifft, die hohe Ämter innehaben oder überhaupt im öffentlichen Leben stehen. Denn wo findet sich wohl der Mann, der unter diesen Umständen dem Freund das Ehrenamt eher gönnt als sich selbst? Ferner – um davon gar nicht zu reden: Wie drückend, wie lästig erscheint es doch den meisten, am Unglück mit zu tragen! Es sind nicht leicht Menschen zu finden, die sich darauf einlassen. Ennius sagt zwar ganz richtig:

»Den sicheren Freund erkennt man in unsicherer Lage«,[31]

tamen haec duo levitatis et infirmitatis plerosque convincunt, aut si in bonis rebus contemnunt aut in malis deserunt.

Qui igitur utraque in re gravem constantem stabilem se in amicitia praestiterit, hunc ex maxime raro genere hominum iudicare debemus et paene divino.

18 (65) Firmamentum autem stabilitatis constantiaeque est, eius quam in amicitia quaerimus, fides; nihil est enim stabile quod infidum est. simplicem praeterea et communem et consentientem, id est qui rebus isdem moveatur, eligi par est, quae omnia pertinent ad fidelitatem; neque enim fidum potest esse multiplex ingenium et tortuosum, neque vero qui non isdem rebus movetur naturaque consentit, aut fidus aut stabilis potest esse. addendum eodem est ut ne criminibus aut inferendis delectetur aut credat oblatis, quae pertinent omnia ad eam quam iam dudum tracto, constantiam. ita fit verum illud quod initio dixi, amicitiam nisi inter bonos esse non posse. est enim boni viri, quem eundem sapientem licet dicere, haec duo tenere in amicitia: primum ne quid fictum sit neve simulatum; aperte enim vel odisse magis ingenui est quam fronte occultare

es sind aber eben diese beiden Fälle, in denen sich die meisten Menschen in ihrer Unzuverlässigkeit und Schwäche offenbaren: wenn sie entweder in ihrem eigenen Glück den Freund geringschätzig behandeln oder ihn in seinem Unglück im Stich lassen.

Wer sich nun in beiden Situationen als Freund ernst und besonnen, standhaft und zuverlässig erweist, den müssen wir zu einer besonders seltenen, ja beinahe göttlichen Klasse von Menschen rechnen.

18 (65) Der Grundpfeiler einer solchen Beständigkeit und Festigkeit, wie wir sie in der Freundschaft suchen, ist die Treue, denn es gibt keine Beständigkeit, wo die Treue fehlt.

Weiterhin ist es ratsam, einen aufrichtigen, umgänglichen und gleichgesinnten Menschen auszuwählen, das heißt einen, der für die gleichen Eindrücke empfänglich ist, denn alle diese Eigenschaften gehören zur Treue. So wenig ein wankelmütiger und durchtriebener Mensch treu sein kann, so wenig kann auch einer, der nicht für die gleichen Eindrücke empfänglich und von seiner Natur her mit uns im Einklang ist, treu oder zuverlässig sein. Man muss noch hinzufügen, dass dieser Freund keine Freude daran haben darf, Beschuldigungen vorzubringen oder vorgebrachten zu glauben; das gehört alles zu dem, worüber ich schon eine ganze Weile spreche, nämlich zur Charakterfestigkeit. So erweist sich denn als wahr, was ich zu Anfang sagte: Freundschaft kann nur unter Guten bestehen. Denn nur ein sittlich guter Mensch, den wir auch einen Weisen nennen mögen, hält an diesen beiden Grundsätzen in der Freundschaft fest. Erstens: Es darf keine Verstellung und Heuchelei geben; selbst in der Feindschaft ist es anständi-

sententiam; deinde non solum ab aliquo allatas criminationes repellere, sed ne ipsum quidem esse suspiciosum semper aliquid existimantem ab amico esse violatum. (66) accedat huc suavitas quaedam oportet sermonum atque morum, haudquaquam mediocre condimentum amicitiae. tristitia autem et in omni re severitas habet illa quidem gravitatem, sed amicitia remissior esse debet et liberior et dulcior et ad omnem comitatem facilitatemque proclivior.

19 (67) Exsistit autem hoc loco quaedam quaestio subdifficilis num quando amici novi, digni amicitia, veteribus sint anteponendi, ut equis vetulis teneros anteponere solemus. indigna homine dubitatio! non enim debent esse amicitiarum sicut aliarum rerum satietates; veterrima quaeque ut ea vina quae vetustatem ferunt, esse debet suavissima; verumque illud est quod dicitur, multos modios salis simul edendos esse, ut amicitiae munus expletum sit. (68) novitates autem si spem adferunt, ut tamquam in herbis non fallacibus fructus appareat, non sunt illae quidem repudiandae, vetustas tamen suo loco conservanda; maxima est enim vis vetustatis et consuetudinis. quin ipso

ger, wenn man offen ist, als wenn man seine wahre Gesinnung hinter einer freundlichen Miene verbirgt. Zweitens: Man soll nicht nur Beschuldigungen zurückweisen, die einem von irgendwoher zugetragen werden, sondern auch selbst nicht misstrauisch sein, in dem ständigen Argwohn, der Freund habe sich irgendetwas gegen seine Freundespflicht zuschulden kommen lassen. (66) Außerdem soll noch etwas hinzukommen: eine gewisse Liebenswürdigkeit in der Unterhaltung und im ganzen Wesen, eine durchaus nicht geringe Würze der Freundschaft. Ein ernstes und stets strenges Wesen wirkt zwar würdig; indessen sollte man sich unter Freunden doch eher ungezwungen, frei und herzlich geben und stets zu Freundlichkeit und Gefälligkeit geneigt sein.

19 (67) Es ergibt sich aber an diesem Punkt noch die folgende heikle Frage, ob nicht bisweilen neue Freunde, die unserer Freundschaft wert sind, den alten vorzuziehen seien – so wie wir älteren Pferden gewöhnlich junge, kräftige vorziehen. Solche Bedenken sind absolut menschenunwürdig! Denn in der Freundschaft darf es nicht wie in anderen Dingen eine Übersättigung geben; gerade die ältesten Freundschaften müssen – wie die Weine, die sich bei einer langen Lagerung gehalten haben – auch die angenehmsten sein, und das Sprichwort ist wahr, dass man viele Scheffel Salz miteinander essen muss,[32] bis die Freundschaft ihre Bewährungsprobe bestanden hat. (68) Neue Freundschaften sind freilich auch nicht zu verschmähen, wenn man nur die Hoffnung auf sie setzen kann, dass sie wie eine junge Saat auch zuverlässig aufgehen werden. Doch müssen alte Freundschaften ihren gebührenden Platz behalten, denn das Alte und Gewohnte übt starken Ein-

equo, cuius modo feci mentionem, si nulla res impediat, nemo est quin eo quo consuevit, libentius utatur quam intractato et novo, nec vero in hoc quod est animal, sed in iis etiam quae sunt inanima, consuetudo valet, cum locis ipsis delectemur, montuosis etiam et silvestribus, in quibus diutius commorati sumus.

(69) Sed maximum est in amicitia parem esse inferiori. saepe enim excellentiae quaedam sunt, qualis erat Scipionis in nostro ut ita dicam grege. numquam se ille Philo, numquam Rupilio, numquam Mummio anteposuit, numquam inferioris ordinis amicis, Q. vero Maximum fratrem egregium virum omnino sibi nequaquam parem, quod is anteibat aetate, tamquam superiorem colebat suosque omnes per se posse esse ampliores volebat. (70) quod faciendum imitandumque est omnibus, ut si quam praestantiam virtutis ingenii fortunae consecuti sint, inpertiant ea suis communicentque cum proximis, ut si parentibus nati sint humilibus, si propinquos habeant inbecilliore vel animo vel fortuna, eorum augeant opes eisque honori sint et dignitati. ut in fabulis qui aliquamdiu propter ignorationem stirpis et generis in famulatu fuerunt, cum cogniti sunt et aut deo-

fluss auf uns aus. Schon beim Pferd, das ich vorhin erwähnte, ist es ja so, dass jeder von uns, wenn uns nichts davon abhält, lieber das reitet, das er gewöhnt ist, als ein noch nicht fertig zugerittenes neues. Und nicht nur beim Belebten, auch beim Unbelebten wirkt die Macht der Gewohnheit: Wir haben Freude an bestimmten Gegenden, sogar an bergigen und waldreichen, wenn wir uns nur länger dort aufgehalten haben.

(69) Ganz wichtig ist es ferner, sich in der Freundschaft mit einem Rangniederen auf die gleiche Stufe zu stellen. Es gibt ja oft Persönlichkeiten, die die anderen überragen, so wie Scipio in unserem Verein, um diesen Ausdruck zu gebrauchen. Niemals stellte er sich über Philus, nie über Rupilius oder Mummius, niemals über Freunde von geringerem Stand. Den Quintus [Fabius] Maximus aber, seinen Bruder, einen durchaus hervorragenden, ihm aber keinesfalls ebenbürtigen Mann, ehrte er, nur weil er der Ältere war, wie einen Höherstehenden; auch wollte er, dass all die Seinen durch ihn zu höherem Ansehen kämen. (70) Das sollten alle tun und sich darin an ihm ein Beispiel nehmen. Wenn sie mit ihrer Tüchtigkeit, ihrem Talent und ihrem Glück eine Vorzugsstellung erlangt haben, dann sollen sie das ihren Angehörigen zugutekommen lassen und den Menschen in ihrer Umgebung daran Anteil geben. Dann können sie, wenn sie von Eltern niederen Standes stammen, wenn sie Verwandte haben, die mit weniger Talent und Glücksgütern gesegnet sind, deren Vermögensverhältnisse aufbessern und ihnen Ehre und Ansehen verschaffen. So finden wir es auch in Sagen und Theaterstücken: Da gibt es Personen, die eine Zeitlang in dienender Stellung lebten, weil man ihre Herkunft und Abstammung nicht kannte,

rum aut regum filii inventi, retinent tamen caritatem in pastores, quos patres multos annos esse duxerunt. quod est multo profecto magis in veris patribus certisque faciendum. fructus enim ingenii et virtutis omnisque praestantiae tum maximus capitur, cum in proximum quemque confertur.

20 (71) Ut igitur ii qui sunt in amicitiae coniunctionisque necessitudine superiores, exaequare se cum inferioribus debent, sic inferiores non dolere se a suis aut ingenio aut fortuna aut dignitate superari. quorum plerique aut queruntur semper aliquid aut etiam exprobrant eoque magis, si habere se putant quod officiose et amice et cum labore aliquo suo factum queant dicere. odiosum sane genus hominum officia exprobrantium; quae meminisse debet is in quem conlata sunt, non commemorare qui contulit.

(72) Quam ob rem ut ii qui superiores sunt, summittere se debent in amicitia, sic quodam modo inferiores extollere. sunt enim quidam qui molestas amicitias faciunt, cum ipsi se contemni putant; quod non fere contingit nisi iis qui etiam contemnendos se arbitrantur; qui hac opinione non modo verbis, sed etiam opere levandi sunt.

und auch nachdem sie entdeckt und sich als Götter- oder Königssöhne entpuppt haben, bewahren sie dennoch ihre Liebe zu den Hirten, die sie jahrelang für ihre Eltern hielten.[33] Das muss man aber in noch weit höherem Maße seinen wirklichen Eltern gegenüber tun. Denn von seiner Geisteskraft, seiner Tüchtigkeit und überhaupt von jedem Vorzug erntet man dann die reifsten Früchte, wenn man ihn mit seinen Nächsten teilt.

20 (71) Einerseits sollen also Männer, die in einem engen Freundschafts- und Verwandtschaftsverhältnis einen höheren Rang einnehmen, sich mit den Niederen auf eine Stufe stellen. Andererseits sollen sich die Niedrigeren nicht gekränkt fühlen, wenn sie von Personen aus ihrem Kreis an Geist, Glück oder Ansehen überragt werden. Es gibt freilich recht viele, die sich ständig beschweren oder sich sogar in Vorwürfen ergehen, und das umso mehr, wenn sie glauben, Fälle anführen zu können, wo sie, sogar mit eigener Anstrengung, Gefälligkeiten und Freundschaftsdienste geleistet hätten. Eine ärgerliche Sorte von Menschen, die anderen ihre Dienste vorhalten. Daran soll doch nur der denken, dem diese Dienste geleistet worden sind; wer sie geleistet hat, der darf den anderen nicht ständig daran erinnern.

(72) Es haben also einerseits Höherstehende als Freunde die Pflicht, eine Stufe herunterzusteigen. Auf der anderen Seite sollen sich die Niederen gewissermaßen in die Höhe heben. Es gibt ja Leute, die sich selbst jede Freundschaft verderben, indem sie sich missachtet fühlen – was freilich fast nur bei denen vorkommt, die selbst davon überzeugt sind, dass sie eine solche Geringschätzung verdienen. Die sollte man von ihren Minderwertigkeitsgefühlen nicht nur mit Worten, sondern mit tätiger Hilfe kurieren.

(73) Tantum autem cuique tribuendum, primum quantum ipse efficere possis, deinde etiam quantum ille quem diligas atque adiuves, sustinere. non enim neque tu possis quamvis excellas, omnes tuos ad honores amplissimos perducere, ut Scipio P. Rupilium potuit consulem efficere, fratrem eius L. non potuit. quodsi etiam possis quidvis deferre ad alterum, videndum est tamen quid ille possit sustinere. (74) omnino amicitiae conroboratis iam confirmatisque et ingeniis et aetatibus iudicandae sunt nec si qui ineunte aetate venandi aut pilae studiosi fuerunt, eos habere necessarios quos tum eodem studio praeditos dilexerunt. isto enim modo nutrices et paedagogi iure vetustatis plurimum benivolentiae postulabunt; qui neglegendi quidem non sunt, sed alio quodam modo † est. aliter amicitiae stabiles permanere non possunt. dispares enim mores, disparia studia sequuntur, quorum dissimilitudo dissociat amicitias; nec ob aliam causam ullam boni improbis, improbi bonis amici esse non possunt, nisi quod tanta est inter eos quanta maxima potest esse morum studiorumque distantia.

(75) Recte etiam praecipi potest in amicitiis ne intemperata quaedam benivolentia, quod persaepe fit, impediat

(73) Du darfst aber einem jeden nur so viel zukommen lassen, dass es zum einen deine Kräfte nicht übersteigt, und dass zum andern der, den du liebst und unterstützen möchtest, damit auch nicht überfordert ist. Du kannst nämlich nicht – auch wenn du eine noch so hervorragende Persönlichkeit bist – all deine Freunde in höchste Stellen befördern. So konnte Scipio den Publius Rupilius zum Konsul machen, dessen Bruder Lucius aber nicht. Wenn du dem andern auch jedes beliebige Amt verschaffen könntest, müsstest du doch dabei berücksichtigen, wie viel er leisten kann. (74) Überhaupt darf man über Freundschaften erst urteilen, wenn die Charaktere im Lauf der Jahre die gehörige Reife und Festigkeit erreicht haben. Wer etwa in der Jugend Freude an der Jagd und am Ballspiel hatte, braucht später nicht diejenigen zu nahen Vertrauten zu haben, die er damals gern mochte, weil sie seine Interessen teilten. Nach solchem Maßstab müssten ja die Ammen und Erzieher mit dem Vorrecht des Alters unsere meiste Zuneigung für sich beanspruchen; man darf sie zwar nicht vernachlässigen, aber ihre Wertschätzung geht doch von ganz anderen Maßstäben aus. Anders können Freundschaften nicht Bestand und Dauer haben. Ist der Charakter verschieden, sind es folgerichtig auch die Interessen, und diese fehlende Übereinstimmung führt zum Ende der Freundschaften. Aus keinem anderen Grund können Gute nicht mit Schlechten, Schlechte nicht mit Guten befreundet sein: weil nämlich zwischen ihnen der denkbar größte Abstand in Charakter und Neigungen besteht.

(75) Mit Recht kann auch das als Regel für die Freundschaft gelten: Es soll kein Übermaß an Zuneigung die Freunde bei vorteilhaften wichtigen Unternehmungen be-

magnas utilitates amicorum. nec enim ut ad fabulas redeam, Troiam Neoptolemus capere potuisset, si Lycomedem apud quem erat educatus, multis cum lacrimis iter suum impedientem audire voluisset. et saepe incidunt magnae res, ut discedendum sit ab amicis; quas qui impedire vult, quod desiderium non facile ferat, is et infirmus est mollisque natura et ob eam ipsam causam in amicitia parum iustus. (76) atque in omni re considerandum est et quid postules ab amico et quid patiare a te impetrari.

21 Est etiam quaedam calamitas in amicitiis dimittendis non numquam necessaria; iam enim a sapientium familiaritatibus ad vulgares amicitias oratio nostra delabitur. erumpunt saepe vitia amicorum tum in ipsos amicos tum in alienos, quorum tamen ad amicos redundet infamia. tales igitur amicitiae sunt remissione usus eluendae et ut Catonem dicere audivi, dissuendae magis quam discindendae, nisi quaedam admodum intolerabilis iniuria exarserit, ut neque rectum neque honestum sit nec fieri possit ut non statim alienatio disiunctioque faciunda sit. (77) sin autem aut morum aut studiorum commutatio quaedam ut fieri solet, facta erit aut in rei publicae partibus dissensio inter-

hindern, wie das recht oft vorkommt. So hätte ja Neoptolemos – um zur Sagenwelt zurückzukehren – Troia niemals einnehmen können, wenn er auf Lykomedes, bei dem er aufgezogen worden war, hätte hören wollen, als dieser ihn unter heißen Tränen von seinem Zug abbringen wollte. Es treten auch oft bedeutsame Ereignisse ein, so dass man seine Freunde verlassen muss. Wer sich da hindernd in den Weg stellt, weil er angeblich vor trauernder Sehnsucht umkommt, der ist eine schwächliche und weichliche Natur und wird gerade aus diesem Grund einer Freundschaft zu wenig gerecht. (76) Und so ist in jedem Fall gründlich zu erwägen, was du von deinem Freund fordern kannst und was du dir selbst dabei zumuten willst.

21 Allerdings kann man bisweilen auch in die unangenehme Zwangslage kommen, Freundschaften ganz aufgeben zu müssen. Ich gehe ja in meinem Vortrag von den Freundschaften der Weisen schon eine Stufe tiefer zu denen der Durchschnittsmenschen. Es treten da häufig Fehler an Freunden zutage, die sich bald gegen Freunde selbst, bald gegen Außenstehende richten, aber auch dann fällt Schimpf und Schande auf die Freunde zurück. Solche Freundschaften also sind durch Einschränkung im Umgang allmählich zu beenden und, wie ich Cato sagen hörte, mehr langsam aufzutrennen als zu zerreißen, es müsste denn ein ganz unerträgliches Unrecht sozusagen wie ein plötzliches Feuer ausgebrochen sein, so dass es weder recht noch ehrenhaft noch überhaupt möglich wäre, nicht umgehend einen Bruch und eine Trennung herbeizuführen. (77) Wenn aber im Charakter oder in den Interessen ein Wandel eintritt, wie das ja durchaus vorkommt, oder wenn innerhalb der politischen Parteiungen eine Zwistigkeit

cesserit (loquor enim iam ut paulo ante dixi, non de sapientium, sed de communibus amicitiis), cavendum erit ne non solum amicitiae depositae, sed etiam inimicitiae susceptae videantur. nihil est enim turpius quam cum eo bellum gerere quocum familiariter vixeris. ab amicitia Q. Pompei meo nomine se removerat ut scitis Scipio; propter dissensionem autem quae erat in re publica, alienatus est a collega nostro Metello; utrumque egit graviter, auctoritate et offensione animi non acerba. (78) quam ob rem primum danda opera est ne qua amicorum discidia fiant; sin tale aliquid evenerit, ut exstinctae potius amicitiae quam oppressae videantur. cavendum vero ne etiam in graves inimicitias convertant se amicitiae; ex quibus iurgia maledicta contumeliae gignuntur. quae tamen si tolerabiles erunt, ferendae sunt et hic honos veteri amicitiae tribuendus, ut is in culpa sit qui faciat, non qui patiatur iniuriam.

Omnino omnium horum vitiorum atque incommodorum una cautio est atque una provisio ut ne nimis cito diligere incipiant neve non dignos. (79) digni autem sunt amicitia quibus in ipsis inest causa cur diligantur. rarum genus! et quidem omnia praeclara rara nec quicquam difficilius

entsteht – ich spreche ja nun, wie vorher schon erwähnt, nicht mehr von den Freundschaften der Weisen, sondern denen der Durchschnittsmenschen –, dann muss man den Eindruck vermeiden, man habe nicht nur eine Freundschaft aufgelöst, sondern zugleich eine Feindschaft begonnen. Nichts ist so hässlich, wie mit dem eine Fehde zu führen, mit dem man in vertrautem Umgang gelebt hat. Von der Freundschaft mit Quintus Pompeius [Nepos] hatte sich Scipio, wie ihr wisst, um meinetwillen zurückgezogen, einer politischen Meinungsverschiedenheit wegen entfremdete er sich von unserem Kollegen Metellus. In beiden Fällen verhielt er sich würdig, ohne dass sein persönliches Ansehen und seine Verstimmung dabei kränkend gewirkt hätten. (78) Deshalb muss man sich von vornherein Mühe geben, dass es unter Freunden kein böses Blut gibt; wenn es aber doch so weit kommt, dann soll man dafür sorgen, dass die Freundschaft eher allmählich erloschen als jäh erstickt zu sein scheint. Aufpassen muss man freilich, dass sich Freundschaft nicht in schwere Feindschaft verkehrt, woraus dann Zänkereien, Beschimpfungen und Beleidigungen entstehen. Doch muss man das, solange es erträglich ist, hinnehmen, aber auf die alte Freundschaft noch so weit Rücksicht nehmen, dass der Beleidiger, nicht der Beleidigte als Schuldiger dasteht.

Überhaupt gibt es bei all diesen Fehlern und Unannehmlichkeiten nur eine Art der Absicherung und eine Art der Vorbeugung: Man darf seine Zuneigung nicht überstürzt vergeben und nicht an Unwürdige. (79) Würdig der Freundschaft aber sind die, deren Persönlichkeit der Grund dafür ist, dass man sie liebt. Eine seltene Gattung! Zwar ist alles Vortreffliche selten, und nichts ist schwieriger, als et-

quam reperire quod sit omni ex parte in suo genere perfectum. sed plerique neque in rebus humanis quicquam bonum norunt nisi quod fructuosum sit, et amicos tamquam pecudes eos potissimum diligunt, ex quibus sperant se maximum fructum esse capturos. (80) ita pulcherrima illa et maxime naturali carent amicitia per se et propter se expetita nec ipsi sibi exemplo sunt, haec vis amicitiae et qualis et quanta sit. ipse enim se quisque diligit, non ut aliquam a se ipse mercedem exigat caritatis suae, sed quod per se sibi quisque carus est. quod nisi idem in amicitiam transferetur, verus amicus numquam reperietur; est enim is qui est tamquam alter idem.

(81) Quodsi hoc apparet in bestiis volucribus nantibus agrestibus cicuribus feris, primum ut se ipsae diligant (id enim pariter cum omni animante nascitur), deinde ut requirant atque adpetant ad quas se adplicent eiusdem generis animantis, idque faciunt cum desiderio et cum quadam similitudine amoris humani, quanto id magis in homine fit natura, qui et se ipse diligit et alterum anquirit, cuius animum ita cum suo misceat ut efficiat paene unum ex duobus.

22 (82) Sed plerique perverse ne dicam inpudenter habere talem amicum volunt, quales ipsi esse non possunt quaeque ipsi non tribuunt amicis, haec ab iis desiderant. par

was zu finden, das in jeder Hinsicht in seiner Art vollendet wäre. Doch die meisten kennen in den menschlichen Beziehungen nichts Gutes, außer was Gewinn bringt, und so sind ihnen von ihren Freunden, gerade so wie bei ihrem Vieh, die am liebsten, von denen sie sich den größten Gewinn erhoffen. (80) So bleibt ihnen die schönste, im wahrsten Sinne naturgemäße Art der Freundschaft versagt, die an sich und um ihrer selbst willen erstrebt wird. Und sie können die wahre Kraft der Freundschaft, ihr Wesen und ihre Wirkung nicht beispielhaft an sich selbst erfahren. Jeder liebt ja sich selbst, nicht etwa, um von sich irgendeinen Lohn für seine Liebe einzufordern, sondern weil eben ein jeder sich selbst von Natur aus teuer ist. Wenn man das gleiche nicht auf die Freundschaft überträgt, wird man niemals einen wahren Freund finden, denn dieser ist gleichsam unser zweites Ich.

(81) Es zeigt sich ja schon bei Tieren – ob sie Flügel haben, schwimmen oder auf dem Land leben, gezähmt oder wild sind –, dass sie sich erstens selbst lieben – dieser Trieb entsteht ja bei jedem Lebewesen mit seiner Geburt –, sodann dass sie nach Wesen von der gleichen Art suchen und bestrebt sind, sich an sie anzuschließen, und sie tun das mit Verlangen und einem der menschlichen Liebe ähnlichen Gefühl. Um wie viel mehr geschieht das erst beim Menschen, seiner Natur gemäß, der sowohl sich selbst liebt als auch mit Eifer nach einem anderen sucht, um dessen Wesen so mit dem seinen zu verschmelzen, dass er geradezu aus beiden eines macht.

22 (82) Doch die meisten wollen auf eine verkehrte, um nicht zu sagen unverfrorene Art ihren Freund so haben, wie sie selbst nicht sein können, und was sie selber ihren

est autem primum ipsum esse virum bonum tum alterum similem sui quaerere. in talibus ea quam iam dudum tractamus, stabilitas amicitiae confirmari potest, cum homines benivolentia coniuncti primum cupiditatibus iis quibus ceteri serviunt, imperabunt, deinde aequitate iustitiaque gaudebunt omniaque alter pro altero suscipiet neque quicquam umquam nisi honestum et rectum alter ab altero postulabit neque solum colent inter se ac diligent, sed etiam verebuntur. nam maximum ornamentum amicitiae tollit qui ex ea tollit verecundiam. (83) itaque in iis perniciosus est error, qui existimant libidinum peccatorumque omnium patere in amicitia licentiam; virtutum amicitia adiutrix a natura data est, non vitiorum comes, ut quoniam solitaria non posset virtus ad ea quae summa sunt, pervenire, coniuncta et consociata cum altera perveniret. quae si quos inter societas aut est aut fuit aut futura est, eorum est habendus ad summum naturae bonum optimus beatissimusque comitatus. (84) haec est inquam societas in qua omnia insunt, quae putant homines expetenda, honestas gloria tranquillitas animi atque iucunditas, ut et cum haec adsint, beata vita sit et sine his esse non possit. quod cum optimum maximumque sit, si id volumus adipisci, virtuti

Freunden gegenüber nicht leisten, das verlangen sie von ihnen. Es gehört sich aber, zunächst einmal selbst ein anständiger Mensch zu sein und dann nach einem anderen zu suchen, der uns ähnlich ist. Nur unter solchen Menschen kann sich jene beständige Freundschaft festigen und halten, mit der wir uns nun schon eine ganze Weile beschäftigen: wenn es nämlich Menschen sind, die, in Zuneigung verbunden, zuerst ihre Leidenschaften beherrschen, denen die übrigen frönen, dann Freude an dem haben, was recht und billig ist, die alles für den anderen auf sich nehmen und bei denen keiner je vom anderen etwas fordert, was nicht anständig und recht ist, die nicht nur äußere Zuneigung und Achtung an den Tag legen, sondern auch Respekt voreinander haben. Denn der beraubt die Freundschaft ihrer höchsten Zierde, wer ihr das gegenseitige Respektieren nimmt. (83) Daher befinden sich diejenigen in einem verhängnisvollen Irrtum, die glauben, in der Freundschaft für alle Gelüste und Verfehlungen freie Bahn zu haben. Als Helferin der Tugend ist uns die Freundschaft von der Natur gegeben, nicht als Genossin der Laster. Da die Tugend für sich allein nicht zum höchsten Ziel gelangen kann, soll sie gemeinsam und verbunden mit der Tugend eines anderen dorthin kommen.[34] Und wo eine solche Gemeinschaft unter Menschen besteht, bestanden hat oder bestehen wird, da ist es für sie das beste und glücklichste Geleit zur höchsten Vollendung ihrer Natur.[35] (84) Dies ist, sage ich, die Gemeinschaft, die alles in sich schließt, was Menschen für erstrebenswert erachten: Ehre, Ruhm, innere Ruhe und Heiterkeit des Gemüts. Wo wir diese Güter finden, da ist das Leben glücklich, ohne sie kann es das nicht sein. Da ein glückliches Leben unser höchstes und schönstes Ziel ist,

opera danda est, sine qua nec amicitiam neque ullam rem expetendam consequi possumus; ea vero neglecta qui se amicos habere arbitrantur, tum se denique errasse sentiunt, cum eos gravis aliquis casus experiri cogit. (85) quocirca (dicendum est enim saepius) cum iudicaris, diligere oportet, non cum dilexeris iudicare. sed cum multis in rebus neglegentia plectimur, tum maxime in amicis et deligendis et colendis; praeposteris enim utimur consiliis et acta agimus, quod vetamur vetere proverbio. nam implicati ultro et citro vel usu diuturno vel etiam officiis repente in medio cursu amicitias exorta aliqua offensione disrumpimus.

23 (86) Quo etiam magis vituperanda est rei maxime necessariae tanta incuria. una est enim amicitia in rebus humanis, de cuius utilitate omnes uno ore consentiunt. quamquam a multis virtus ipsa contemnitur et venditatio quaedam atque ostentatio esse dicitur; multi divitias despiciunt, quos parvo contentos tenuis victus cultusque delectat; honores vero quorum cupiditate quidam inflammantur, quam multi ita contemnunt ut nihil inanius, nihil

müssen wir uns, wenn wir es erreichen wollen, um die Tugend bemühen, ohne die wir weder Freundschaft noch überhaupt ein anderes erstrebenswertes Gut erlangen können. Wer sich aber um sie nicht kümmert und dennoch Freunde zu besitzen meint, der wird erst dann seinen Irrtum einsehen, wenn ihn irgendein Schicksalsschlag zwingt, seine Freunde auf die Probe zu stellen. (85) Und ebendarum muss man – ich betone es immer wieder – erst prüfen, dann lieben und nicht jemanden erst dann prüfen, wenn man ihn schon liebgewonnen hat.[36] Wie wir in vielen anderen Fällen für unsere Nachlässigkeit büßen müssen, so ganz besonders bei der Wahl und der richtigen Behandlung unserer Freunde. Wir stellen nämlich unsere Überlegungen erst hinterher an und wollen Geschehenes ungeschehen machen, was uns ein altes Sprichwort verbietet.[37] Wenn wir beiderseits schon gebunden sind durch längeren vertrauten Umgang oder gar durch gegenseitige Dienstleistungen, brechen wir dann plötzlich mitten in der Bahn die Freundschaft ab, nur weil es irgendeinen Verdruss gegeben hat.

23 (86) Ein derartiges leichtfertiges Verhalten ist umso mehr zu tadeln, da es sich hier um etwas Wichtiges und Unentbehrliches handelt. Freundschaft ist nämlich das einzige der menschlichen Güter, über dessen Nutzen sich alle einig sind. Selbst über die Tugend urteilen viele geringschätzig und meinen, es gehe dabei nur um eine Art von Großtun und Selbstdarstellung. Viele wieder verachten den Reichtum, da sie sich mit wenigem begnügen und an einfacher Kost und Lebenshaltung Gefallen haben. Ehrenstellen gar, um die manche mit brennendem Eifer bemüht sind – wie viele verachten sie in solchem Maß, dass sie

esse levius existiment! itemque cetera quae quibusdam admirabilia videntur, permulti sunt qui pro nihilo putent; de amicitia omnes ad unum idem sentiunt et ii qui ad rem publicam se contulerunt, et ii qui rerum cognitione doctrinaque delectantur, et ii qui suum negotium gerunt otiosi, postremo ii qui se totos tradiderunt voluptatibus, sine amicitia vitam esse nullam, si modo velint aliqua ex parte liberaliter vivere.

(87) Serpit enim nescio quo modo per omnium vitas amicitia nec ullam aetatis degendae rationem patitur esse expertem sui. quin etiam si quis asperitate ea est et inmanitate naturae, congressus ut hominum fugiat atque oderit, qualem fuisse Athenis Timonem nescio quem accepimus, tamen is pati non possit ut non anquirat aliquem, apud quem evomat virus acerbitatis suae. atque hoc maxime iudicaretur, si quid tale posset contingere ut aliquis nos deus ex hac hominum frequentia tolleret et in solitudine uspiam collocaret atque ibi suppeditans omnium rerum quas natura desiderat abundantiam et copiam, hominis omnino aspiciendi potestatem eriperet. quis tam esset ferreus qui eam vitam ferre posset, cuique non auferret fructum voluptatum omnium solitudo?

(88) Verum ergo illud est quod a Tarentino Archyta ut opinor dici solitum nostros senes commemorare audivi ab

nichts für so wertlos, so unbedeutend halten! Und ebenso ist es mit anderen Dingen, die manchem bewundernswert erscheinen: Da gibt es viele, die sich gar nichts daraus machen. Über die Freundschaft aber denken alle ohne Ausnahme das gleiche: Wer sich der öffentlichen Tätigkeit widmet oder wer an wissenschaftlicher Erkenntnis seine Freude hat und wer frei von Staatsgeschäften seinen eigenen Angelegenheiten nachgeht, schließlich auch wer sich gänzlich dem Genuss hingegeben hat – sie alle sind sich einig, ein Leben ohne Freundschaft sei kein Leben, wenn man nur einigermaßen mit Anstand leben wolle.

(87) Ganz unbemerkt breitet sich ja die Freundschaft in allen Lebensbereichen aus und lässt es einfach nicht zu, dass man sich sein Leben irgendwie ohne sie einrichtet. Ja, selbst wenn einer ein so abstoßendes, rohes Wesen hat, dass er das Zusammensein mit Menschen meidet und verabscheut – so soll in Athen ein gewisser Timon gewesen sein –, auch der könnte es doch nicht über sich bringen, sich nicht einen zu suchen, bei dem er das Gift seines Menschenhasses ausspritzen könnte. Und dies würde sich am besten beurteilen lassen, wenn folgendes geschehen könnte: Irgendein Gott würde uns aus der menschlichen Umgebung hier entrücken und uns irgendwohin in die Einsamkeit versetzen, uns dort alles, wonach unsere Menschennatur verlangt, in überreicher Fülle zur Verfügung stellen, aber das alles ohne die Möglichkeit, einen anderen Menschen auch nur zu sehen. Wer wäre da so eisenhart, dass er dieses Leben ertragen könnte und dass ihm das Alleinsein nicht die Freude an allen Genüssen raubte?

(88) Es ist also ein wahres Wort, das Archytas aus Tarent – er war es doch, wie ich annehme[38] – öfter aussprach,

aliis senibus auditum: »si quis in caelum ascendisset naturamque mundi et pulchritudinem siderum perspexisset, insuavem illam admirationem ei fore; quae iucundissima fuisset, si aliquem cui narraret, habuisset.« sic natura solitarium nihil amat semperque ad aliquod tamquam adminiculum adnititur; quod in amicissimo quoque dulcissimum est.

24 Sed cum tot signis eadem natura declaret quid velit anquirat desideret, tamen obsurdescimus nescio quo modo nec ea quae ab ea monemur, audimus. est enim varius et multiplex usus amicitiae multaeque causae suspicionum offensionumque dantur, quas tum evitare, tum elevare, tum ferre sapientis est; una illa sublevanda offensio est, ut et utilitas in amicitia et fides retineatur: nam et monendi amici saepe sunt et obiurgandi et haec accipienda amice, cum benivole fiunt. (89) sed nescio quo modo verum est quod in Andria familiaris meus dicit:

»obsequium amicos, veritas odium parit.«

molesta veritas, siquidem ex ea nascitur odium quod est venenum amicitiae, sed obsequium multo molestius, quod peccatis indulgens praecipitem amicum ferri sinit; maxima

wie ich es von unseren Alten gehört habe, die es wieder von anderen alten Männern vernommen haben: »Wenn einer in den Himmel hinaufstiege und das Wesen des Weltalls und die Schönheit der Gestirne schaute, so wäre doch dieser wundersame Anblick für ihn ohne Reiz. Es wäre für ihn aber die größte Freude gewesen, wenn er jemanden dabeigehabt hätte, mit dem er hätte darüber reden können.« So liebt die menschliche Natur kein Alleinsein, sondern sucht immer eine Stütze, um sich anzulehnen. Und diese in einer innig vertrauten Seele zu finden, ist das Erfreulichste überhaupt.

24 Aber obwohl unsere Natur durch so viel Zeichen zu erkennen gibt, was sie möchte, was sie sucht und begehrt, sind wir doch unbegreiflicherweise taub dafür und hören nicht auf ihre Mahnungen. Der Umgang mit Freunden bringt ja allerlei Wechsel und Veränderungen mit sich; es bieten sich zahlreiche Anlässe zu Argwohn und Verdruss, die der Weise bald vermeiden, bald mildern, bald ertragen wird. Eines darf keinen Anstoß erregen, damit die Vorteile wie auch Treu und Glauben in der Freundschaft erhalten bleiben: Freunde müssen öfter ermahnt und auch zurechtgewiesen werden, und das hat man freundschaftlich hinzunehmen, wenn es in wohlwollender Absicht geschieht. (89) Doch ist es leider wahr, was mein Freund in seinem *Mädchen von Andros* sagt:[39]

»Nachgiebigkeit schafft Freunde, Wahrheit Hasser.«

Unangenehm ist die Wahrheit, zumal wenn aus ihr Hass entsteht, ein wahres Gift für die Freundschaft, doch Nachgiebigkeit ist noch unangenehmer, weil sie durch Nachsicht

autem culpa in eo qui et veritatem aspernatur et in fraudem obsequio inpellitur. omni igitur hac in re habenda ratio et diligentia est, primum ut monitio acerbitate, deinde ut obiurgatio contumelia careat; in obsequio autem, quoniam Terentiano verbo libenter utimur, comitas adsit, adsentatio vitiorum adiutrix procul amoveatur, quae non modo amico, sed ne libero quidem digna est; aliter enim cum tyranno, aliter cum amico vivitur. (90) cuius autem aures clausae veritati sunt ut ab amico verum audire nequeat, huius salus desperanda est. scitum est enim illud Catonis ut multa: »melius de quibusdam acerbos inimicos mereri quam eos amicos qui dulces videantur; illos verum saepe dicere, hos numquam.« atque illud absurdum, quod ii qui monentur, eam molestiam quam debent capere, non capiunt, eam capiunt qua debent vacare; peccasse enim se non anguntur, obiurgari moleste ferunt; quod contra oportebat delicto dolere, correctione gaudere.

25 (91) Ut igitur et monere et moneri proprium est verae amicitiae et alterum libere facere, non aspere, alterum patienter accipere, non repugnanter, sic habendum est nul-

mit Verfehlungen den Freund in sein Unglück rennen lässt. Die meiste Schuld aber liegt bei dem, der zuerst die Wahrheit nicht hören will und sich dann durch die Nachgiebigkeit zum Selbstbetrug verleiten lässt. In dieser Situation muss man also Rücksicht nehmen und Sorgfalt walten lassen: zunächst dass die Mahnung ohne verletzende Schroffheit, der Tadel ohne Beleidigung erfolgt; der Nachgiebigkeit indessen »stehe Freundlichkeit helfend zur Seite« – ich gebrauche nun einmal gern ein Wort des Terenz –, Liebedienerei aber, die Helfershelferin der Laster, jagen wir weit fort; sie ist nicht bloß eines Freundes, sondern überhaupt eines freien Menschen unwürdig. Anders lebt man ja mit einem Tyrannen, anders mit einem Freund. (90) Wer sein Ohr aber für die Wahrheit verschlossen hat, so dass er von seinem Freund kein wahres Wort vernehmen will, dem ist nicht zu helfen. Es ist nämlich ein treffender Ausspruch von Cato – wie so viele von ihm: »Um manche machen sich ihre grimmigen Feinde mehr verdient als ihre scheinbar so lieben Freunde. Die einen sagen oftmals die Wahrheit, die anderen nie.«[40] Auch ist es widersinnig, wenn Leute, die ermahnt werden, nicht daran Unbehagen empfinden, was ihnen unangenehm sein müsste, sondern daran, was sie hinnehmen müssten. Ihre Verfehlung macht ihnen nämlich gar nichts aus, den Tadel aber nehmen sie übel. Das Gegenteil wäre in Ordnung: Sie sollten über ihr Vergehen betrübt und über die Zurechtweisung froh sein.

25 (91) Zu einer echten Freundschaft gehört es also, zu ermahnen und sich ermahnen zu lassen. Das eine muss man freimütig tun, aber nicht verletzend, das andere gilt es geduldig hinzunehmen, ohne Widerstreben. Man muss

lam in amicitiis pestem esse maiorem quam adulationem blanditiam adsentationem; quamvis enim multis nominibus est hoc vitium notandum levium hominum atque fallacium ad voluntatem loquentium omnia, nihil ad veritatem. (92) cum autem omnium rerum simulatio vitiosa est (tollit enim iudicium veri idque adulterat) tum amicitiae repugnat maxime; delet enim veritatem, sine qua nomen amicitiae valere non potest. nam cum amicitiae vis sit in eo ut unus quasi animus fiat ex pluribus, qui id fieri poterit, si ne in uno quidem quoque unus animus erit idemque semper, sed varius commutabilis multiplex? (93) quid enim potest esse tam flexibile, tam devium quam animus eius qui ad alterius non modo sensum ac voluntatem, sed etiam vultum atque nutum convertitur?

> »Negat quis, nego; ait, aio; postremo imperavi egomet mihi omnia adsentari«,

ut ait idem Terentius, sed ille in Gnathonis persona. quod amici genus adhibere omnino levitatis est.

(94) Multi autem Gnathonum similes cum sint loco fortuna fama superiores, horum est adsentatio molesta, cum ad vanitatem accessit auctoritas.

sich aber auch bewusst sein, dass es in der Freundschaft kein schlimmeres Gift gibt als Kriecherei, Schmeicheln und Liebedienerei, es gibt gar nicht genug Namen, um dieses Laster charakterloser und betrügerischer Menschen anzuprangern, die in allem dem andern nach dem Munde reden, wobei oft kein wahres Wort daran ist. (92) Zwar ist Heuchelei in jedem Fall ein Laster – sie raubt nämlich die klare Sicht auf die Wahrheit und gibt ein falsches Bild –, doch für die Freundschaft ist sie der schlimmste Feind. Sie zerstört die Wahrhaftigkeit, ohne die der Begriff der Freundschaft keine Gültigkeit haben kann. Das Wesen der Freundschaft liegt ja gerade darin, dass mehrere gleichsam ein Herz und eine Seele werden. Wie soll das aber möglich sein, wenn nicht einmal der einzelne eine einheitliche Gesinnung hat, die stets gleich bleibt, wenn er vielmehr wankelmütig, wetterwendisch und unbeständig ist? (93) Was ist denn so windig, so unstet wie einer, der sich nicht nur auf die Gesinnung und Absicht des anderen einstellt, sondern sogar auf seine Miene und auf jeden Wink?

> »Sagt jemand nein, so sage ich nein, sagt er ja, sage ich ja. Kurzum, ich habe es mir zum Gesetz gemacht, immer allem beizustimmen.«

Das sagt wieder Terenz, jedoch in der Rolle des Schmarotzers Gnatho. Solch eine Sorte von Freunden an sich heranzulassen, ist sträflicher Leichtsinn.

(94) Es gibt aber viele solche Gnathos, die aufgrund ihrer Herkunft, ihrer Stellung und ihres Rufes höher stehen als er. Deren Liebedienerei ist ärgerlich, da ihr leeres Gerede durch ihr Ansehen Gewicht erhält.

(95) Secerni autem blandus amicus a vero et internosci tam potest adhibita diligentia quam omnia fucata et simulata a sinceris atque veris. contio quae ex imperitissimis constat, tamen iudicare solet quid intersit inter popularem, id est adsentatorem et levem civem, et inter constantem, severum et gravem. (96) quibus blanditiis C. Papirius nuper influebat in auris contionis, cum ferret legem de tribunis plebis reficiendis! dissuasimus nos; sed nihil de me, de Scipione dicam libentius. quanta illa di inmortales fuit gravitas, quanta in oratione maiestas! ut facile ducem populi Romani, non comitem diceres. sed adfuistis et est in manibus oratio. itaque lex popularis suffragiis populi repudiata est. atque ut ad me redeam meministis, Q. Maximo fratre Scipionis et L. Mancino consulibus quam popularis lex de sacerdotiis C. Licini Crassi videbatur! cooptatio enim collegiorum ad populi beneficium transferebatur; atque is primus instituit in forum versus agere cum populo. tamen illius vendibilem orationem religio deorum inmortalium nobis defendentibus facile vincebat. atque id actum est

(95) Es lässt sich jedoch mit einiger Vorsicht der schmeichlerische Freund vom wahren sondern und unterscheiden, gerade so wie alles Geschminkte und Nachgemachte vom Echten und Wahren. Eine Volksversammlung, die aus ganz unerfahrenen Leuten besteht, merkt in der Regel doch den Unterschied zwischen einem »Volksfreund«, das heißt einem windigen Mann, der dem Volk nach dem Mund redet, und einem charakterfesten Bürger, der ernst und würdig auftritt. (96) Mit was für Lobhudeleien suchte Gaius Papirius neulich, sich in die Ohren der versammelten Bürger einzuschmeicheln, als er den Gesetzesantrag über die Wiederwahl der Volkstribunen stellte! Ich habe mich dagegen ausgesprochen, doch nichts von mir, ich spreche lieber von Scipio. Wie würdig war seine Rede, bei den unsterblichen Göttern, wie erhaben! Man hätte ihn leicht für den Führer des römischen Volkes halten können, nicht für seinen Gefolgsmann.[41] Doch ihr wart ja dabei, die Rede ist veröffentlicht worden. Und so kam es damals, dass der volkstümliche Gesetzesantrag durch Volkes Stimme abgelehnt wurde. Um auf mich zurückzukommen: Ihr erinnert euch, wie volkstümlich damals im Konsulatsjahr des Quintus [Fabius] Maximus, Scipios Bruder, und des Lucius Mancinus der Gesetzesantrag des Gaius Licinius Crassus über die Priesterämter wirkte! Das Recht zur Ergänzung der Priesterkollegien sollte nämlich der Gunst des Volkes übertragen werden. Dieser Licinius Crassus hat es als erster unternommen, zum Forum hingewandt mit dem Volk in Verbindung zu treten. Dennoch trug die Ehrfurcht vor den unsterblichen Göttern unter meiner Verteidigung mit Leichtigkeit den Sieg davon über seine sich anbiedernde Rede. Und das geschah, während ich Prätor war, fünf Jahre

praetore me quinquennio ante quam consul sum factus; ita re magis quam summa auctoritate causa illa defensa est.

26 (97) Quodsi in scaena id est in contione, in qua rebus fictis et adumbratis loci plurimum est, tamen verum valet, si modo id patefactum et inlustratum est, quid in amicitia fieri oportet, quae tota veritate perpenditur? in qua nisi ut dicitur apertum pectus videas tuumque ostendas, nihil fidum, nihil exploratum habeas, ne amare quidem aut amari, cum id quam vere fiat, ignores. quamquam ista adsentatio, quamvis perniciosa sit, nocere tamen nemini potest nisi ei qui eam recipit atque ea delectatur. ita fit ut is adsentatoribus patefaciat aures suas maxime, qui ipse sibi adsentetur et se maxime ipse delectet.

(98) Omnino est amans sui virtus; optime enim se ipsa novit quamque amabilis sit intellegit. ego autem non de virtute nunc loquor, sed de virtutis opinione. virtute enim ipsa non tam multi praediti esse quam videri volunt. hos delectat adsentatio, his fictus ad ipsorum voluntatem sermo cum adhibetur, orationem illam vanam testimonium esse laudum suarum putant. nulla est igitur haec amicitia,

vor meinem Konsulat. So ist diese Sache eher durch ihr eigenes Gewicht als durch die Autorität des höchsten Amtes verteidigt worden.

26 (97) Wenn sich nun schon auf einem öffentlichen Schauplatz, das heißt in der Volksversammlung, wo Erfindung und Verschleierung größten Spielraum haben, dennoch die Wahrheit durchsetzt, wenn sie nur offen dargelegt und ins rechte Licht gerückt wird, wie muss das dann erst in der Freundschaft sein, in der allein die Wahrhaftigkeit ausschlaggebend ist! Du kannst ja dem Freund, wie man so sagt, nicht ins Herz schauen, während du dein eigenes offen zeigst. Du hast nichts Sicheres in der Hand, was Treue und Zuverlässigkeit angeht, Liebe und Gegenliebe, da du nicht weißt, inwieweit dieses Gefühl aufrichtig ist. Immerhin kann die erwähnte Liebedienerei, so schädlich sie auch ist, doch nur dem schaden, der sich für sie empfänglich zeigt und an ihr Gefallen findet. So kommt es, dass derjenige am ehesten ein offenes Ohr für Schmeichler hat, der sich gerne selbst lobt und an sich selbst das meiste Gefallen findet.

(98) Allerdings liebt die Tugend auch sich selbst, sie kennt sich ja am besten und weiß, wie liebenswert sie ist. Ich spreche aber jetzt nicht von der wirklichen Tugend, sondern von der Vorstellung, die man sich so von ihr macht. Denn wirklich tugendhaft sein, das wollen nicht so viele, es gibt mehr, die wollen lieber so scheinen als sein. Denen gefällt die Schmeichelei; wenn sich jemand an sie wendet mit einem Sermon, der nach ihren eigenen Wunschvorstellungen erdichtet ist, dann halten sie dieses leere Gerede für ein Zeugnis ihrer ruhmreichen Verdienste. Das ist aber keine Freundschaft, wenn der eine die Wahrheit nicht hö-

cum alter verum audire non vult, alter ad mentiendum paratus est. nec parasitorum in comoediis adsentatio faceta nobis videretur, nisi essent milites gloriosi.

»magnas vero agere gratias Thais mihi?«

satis erat respondere: »magnas«; »ingentes« inquit. semper auget adsentator id quod is, cuius ad voluntatem dicitur, vult esse magnum.

(99) Quam ob rem quamquam blanda ista vanitas apud eos valet qui ipsi illam adlectant et invitant, tamen etiam graviores constantioresque admonendi sunt ut animadvertant, ne callida adsentatione capiantur. aperte enim adulantem nemo non videt, nisi qui admodum est excors; callidus ille et occultus ne se insinuet studiose cavendum est; nec enim facillime adgnoscitur, quippe qui etiam adversando saepe adsentetur et litigare se simulans blandiatur atque ad extremum det manus vincique se patiatur, ut is qui inlusus sit, plus vidisse videatur. quid autem turpius quam inludi? quod ut ne accidat magis cavendum est.

»Ut me hodie ante omnes comicos stultos senes
versaris atque inlusseris lautissume.«

ren und der andere Lügen auftischen will. Und die Schmeicheleien der Schmarotzer im Theater erschienen uns nicht witzig, wenn's nicht wirklich solche gäbe wie den ruhmredigen Soldaten:

»Es sagt mir Thais also wirklich großen Dank?«[42]

Es wäre genug gewesen zu antworten: »Ja, vielen Dank!« »Ungeheuren«, sagt der andere aber. Stets vergrößert der Schmeichler das, was der, dem er nach dem Munde redet, groß haben will.

(99) Zwar finden solche lügenhaften Schmeicheleien bei denen besonderen Anklang, die von sich aus dazu anlocken und einladen, es gilt aber auch für durchaus ernsthafte und charakterfeste Männer die warnende Mahnung, sich nicht von fein ausgeklügelter Schmeichelei einfangen zu lassen. Wer offen heraus zu Gefallen redet, den erkennt jeder halbwegs Gescheite. Dass aber der gewitzte und versteckte Schmeichler sich nicht einschleicht, dagegen muss man sich mit aller Vorsicht wappnen. Denn der ist gar nicht so leicht zu erkennen, da er seine Liebedienerei sogar durch Widerspruch übt und in scheinbarem Streit seine Schmeicheleien anbringt. Schließlich streckt er dann die Waffen und gibt sich besiegt, damit sich der andere, mit dem er sein Spiel getrieben hat, als der Schlauere vorkommen darf. Sich so zum Narren halten zu lassen, ist doch gar zu schändlich. Damit es erst gar nicht so weit kommt, muss man sich gehörig vorsehen:

»Du hast mich heute noch mehr als all die alten Narren in der Komödie hin und her gejagt und sauber verulkt!«[43]

(100) haec enim etiam in fabulis stultissima persona est inprovidorum et credulorum senum. sed nescio quo pacto ab amicitiis perfectorum hominum id est sapientium (de hac dico sapientia quae videtur in hominem cadere posse) ad leves amicitias defluxit oratio. quam ob rem ad illa prima redeamus eaque ipsa concludamus aliquando.

27 Virtus, virtus, inquam, C. Fanni et tu Q. Muci, et conciliat amicitias et conservat. in ea est enim convenientia rerum, in ea stabilitas, in ea constantia; quae cum se extulit et ostendit suum lumen et idem aspexit adgnovitque in alio, ad id se admovet vicissimque accipit illud quod in altero est; ex quo exardescit sive amor sive amicitia; utrumque enim dictum est ab amando; amare autem nihil est aliud nisi eum ipsum diligere quem ames, nulla indigentia, nulla utilitate quaesita; quae tamen ipsa efflorescit ex amicitia, etiamsi tu eam minus secutus sis.

(101) Hac nos adulescentes benivolentia senes illos, L. Paulum M. Catonem C. Galum P. Nasicam Ti. Gracchum Scipionis nostri socerum, dileximus, haec etiam magis elucet inter aequales, ut inter me et Scipionem L. Furium P. Rupilium Sp. Mummium. vicissim autem senes in adulescentium caritate adquiescimus ut in vestra, ut in Q. Tu-

(100) Auch in den Theaterstücken spielen ja die unbedachten und leichtgläubigen Greise die einfältigste Rolle. Aber ich weiß nicht wie, mir ist mein Vortrag über die Freundschaft vollkommener, das heißt weiser Menschen – ich meine die Weisheit, die für den Menschen erreichbar scheint – zu einer niedrigen Ebene von Freundschaften abgesunken. Daher wollen wir nochmals zu meinen Hauptgedanken zurückkehren und diese nun endlich zum Abschluss bringen.

27 Die Tugend, die Tugend, sage ich, Gaius Fannius und du, mein Quintus Mucius, sie ist es, die Freundschaften schließt und erhält. In ihr liegt die Harmonie, Beständigkeit und Festigkeit; wo sie zum Vorschein kommt und ihr Licht leuchten lässt und ein gleiches an einem anderen erblickt und erkannt hat, wendet sie sich diesem zu und nimmt ihrerseits das auf, was im andern ist; daran entzündet sich *amor*, Liebe beziehungsweise *amicitia*, Freundschaft. Beide Worte sind nämlich von *amare* abgeleitet, *amare* aber bedeutet nichts anderes als einen Menschen zu erwählen, den man liebt, ganz ohne ihn nötig zu haben, ohne einen Vorteil zu suchen: Dieser erblüht jedoch von selbst aus der Freundschaft, auch wenn du ihn nicht eigens gesucht hast.

(101) Mit diesem Gefühl der Zuneigung haben wir in unserer Jugend jene älteren Männer geliebt: den Lucius Paullus, Marcus Cato, Gaius Galus, Publius Nasica [Corculum], Tiberius Gracchus, den Schwiegervater unseres Scipio. Noch mehr Leuchtkraft hat ein solches Gefühl unter Gleichaltrigen, wie zwischen mir und Scipio, Lucius Furius [Philus], Publius Rupilius und Spurius Mummius.[44] Andererseits finden wir in unserem Alter Freude und Befriedi-

beronis; equidem etiam admodum adulescentis P. Rutili A. Vergini familiaritate delector. quoniamque ita ratio comparata est vitae naturaeque nostrae ut alia ⟨ex alia⟩ aetas oriatur, maxime quidem optandum est ut cum aequalibus possis, quibuscum tamquam e carceribus emissus sis, cum isdem ad calcem ut dicitur pervenire.

(102) Sed quoniam res humanae fragiles caducaeque sunt, semper aliqui anquirendi sunt quos diligamus et a quibus diligamur; caritate enim benivolentiaque sublata omnis est e vita sublata iucunditas. mihi quidem Scipio quamquam est subito ereptus, vivit tamen semperque vivet; virtutem enim amavi illius viri, quae exstincta non est; nec mihi soli versatur ante oculos, qui illam semper in manibus habui, sed etiam posteris erit clara et insignis.

Nemo umquam animo aut spe maiora suscipiet, qui sibi non illius memoriam atque imaginem proponendam putet.

(103) Equidem ex omnibus rebus quas mihi aut fortuna aut natura tribuit, nihil habeo quod cum amicitia Scipionis possim comparare. in hac mihi de re publica consensus, in hac rerum privatarum consilium, in eadem requies plena oblectationis fuit. numquam illum ne minima quidem re offendi, quod quidem senserim, nihil audivi ex eo ipse

gung in der Liebe jüngerer Leute, zum Beispiel von euch und Quintus Tubero. Ich selbst freue mich auch an dem vertrauten Umgang mit dem noch jungen Publius Rutilius und Aulus Verginius. Weil nun aber unser Leben und unsere Natur so eingerichtet sind, dass immer eine Generation die andere ablöst, wäre es allerdings höchst wünschenswert, dass man mit seinen Altersgenossen, mit denen man gleichsam aus den Schranken gelassen wurde, auch, wie man so sagt, die Ziellinie erreicht.

(102) Doch da alles Menschliche vergänglich und hinfällig ist, sind wir notwendigerweise immer wieder auf der Suche nach Menschen, die wir lieben und von denen wir geliebt werden können. Fehlen Liebe und Zuneigung, fehlt nämlich alles Erfreuliche im Leben. Für mich lebt Scipio noch, obwohl er so plötzlich dahingerafft wurde – und er wird für mich immer leben, ich habe an ihm seine Tugend geliebt, und ihr Licht ist nicht erloschen. Nicht nur mir allein steht sie vor Augen, der ich sie immer gegenwärtig hatte, auch unsere Nachkommen werden ein klares und deutliches Bild von ihr haben.

Keiner, der jemals etwas Bedeutendes erhofft oder unternimmt, wird dies tun, ohne sich Scipio in lebendiger Erinnerung als Vorbild vor Augen zu stellen.

(103) Ich jedenfalls habe von allen Gütern, die mir das Glück oder die Natur geschenkt hat, keines, das ich mit der Freundschaft Scipios vergleichen könnte. In ihr fand ich Übereinstimmung in politischen Fragen, Rat in persönlichen Dingen, in ihr auch genussreiche Erholung. Niemals habe ich ihn gekränkt, nicht einmal in der geringsten Kleinigkeit, wenigstens soweit ich es bemerkt habe. Nichts habe ich von ihm gehört, was ich nicht hätte hören mögen.

quod nollem; una domus erat, idem victus isque communis neque solum militia, sed etiam peregrinationes rusticationesque communes. (104) nam quid ego de studiis dicam cognoscendi semper aliquid atque discendi, in quibus remoti ab oculis populi omne otiosum tempus contrivimus?

Quarum rerum recordatio et memoria si una cum illo occidisset, desiderium coniunctissimi atque amantissimi viri ferre nullo modo possem. sed nec illa exstincta sunt aluntur potius et augentur cogitatione et memoria mea, et si illis plane orbatus essem, magnum tamen adfert mihi aetas ipsa solacium. diutius enim iam in hoc desiderio esse non possum. omnia autem brevia tolerabilia esse debent, etiamsi magna sunt.

Haec habui de amicitia quae dicerem. vos autem hortor ut ita virtutem locetis, sine qua amicitia esse non potest, ut ea excepta nihil amicitia praestabilius putetis.

Ein Haus hatten wir, die gleiche gemeinsame Lebensweise; nicht nur während des Kriegsdienstes, auch auf unseren Reisen und bei unseren Landaufenthalten waren wir beisammen. (104) Und was soll ich noch sagen von unserem gemeinsamen Bestreben, stets etwas Neues zu erfahren und zu lernen, womit wir, den Augen der Menge entzogen, unsere ganze freie Zeit verbrachten?[45]

Wären die Erinnerung und das Andenken an diese Dinge nun zugleich mit ihm dahin, dann könnte ich die Sehnsucht nach einem so eng vertrauten und so innig geliebten Mann nie und nimmer ertragen. Doch das alles ist ja nicht ausgelöscht, es wird vielmehr genährt und mehrt sich noch in meinem Zurückdenken und Erinnern. Selbst wenn mir diese Erinnerungen ganz und gar genommen würden, hätte ich doch einen großen Trost an meinem Alter; allzu lange kann ich ja in diesem Zustand trauernder Sehnsucht nicht mehr bleiben. Alles aber, was nur von kurzer Dauer ist, muss zu ertragen sein, auch wenn es weh tut.

Das war es, was ich über die Freundschaft zu sagen hatte. Euch aber mahne ich, die Tugend, ohne die es keine Freundschaft geben kann, so hoch zu schätzen, dass ihr, sie ausgenommen, nichts Wertvolleres habt als die Freundschaft.

Anhang

Anmerkungen

1 Der junge Römer wurde, nachdem er mit 16 Jahren die *toga virilis*, die Männertoga, angelegt hatte, einem angesehenen Mann des öffentlichen Lebens zugeführt (*deductio*), der ihn unterweisen sollte und durch den er das politische Leben auf dem Forum und im Senat kennenlernte und auch eine persönliche Bindung aufbaute. Cicero eignete sich bei Mucius Scaevola (s. Verzeichnis der Eigennamen) umfassende Rechtskenntnisse an.

2 Sokrates. Als die »Sieben Weisen« galten die frühgriechischen Philosophen Thales von Milet, Solon, Periander, Kleobulos, Chilon, Bias, Pittakos (auch andere Namen werden genannt). Sie gaben einen goldenen Dreifuß, der dem Weisesten der Griechen gehören solle, an Apollon von Delphi, dessen Orakel später Sokrates als den Weisesten nannte.

3 Das philosophische Ideal der Autarkie, der Selbstgenügsamkeit des Weisen, besonders betont von den Stoikern, wie von Seneca.

4 Der jeweils 7. oder 5. Monatstag. An diesem Termin versammelte sich das Priesterkollegium der Auguren (s. Verzeichnis der Eigennamen). Zu ihren Aufgaben und ihrer Wirksamkeit vgl. Cicero, *De legibus – Über die Gesetze* 2,31 ff. und *De divinatione – Von der Weissagung* 1,3.

5 Nach der strengen Doktrin der Stoiker ist jeder Affekt abzulehnen, auch Trauer und Mitleid, da dies den Zustand der *apátheia* stört, das Freisein von Affekten, das zur Unerschütterlichkeit des Weisen gehört. Cicero wie auch Seneca sehen in einer solchen Haltung einen Mangel an Menschlichkeit (*humanitas*). Vgl. auch Kap. 13,48.

6 Scipio war 147 v. Chr. mit 38 Jahren zum ersten Mal Konsul; das vorgeschriebene Mindestalter war damals 43 Jahre. 134 war er zum zweiten Mal Konsul. Den schweren und langwierigen Krieg gegen die spanische Stadt Numantia hätte Scipio, so meint Laelius, bei einem früheren Konsulat schon eher siegreich beendet. Er zerstörte Numantia im Jahr 133, Karthago 146.

7 Die Bewohner der Landschaft Latium hatten den Status von *socii*, Bundesgenossen der Römer. Scipio setzte sich dafür ein, dass ihr

Gebiet von der von den Gracchen geplanten Landenteignung ausgenommen wurde.

8 Die Epikureer, deren Lehren seit 155 v.Chr. in Rom bekannt wurden. Vgl. Cicero, *Gespräche in Tusculum* [*Tuskulanen*] 4,6f. Sie folgten der Atomlehre des Demokrit, der zufolge die Seele aus leichten Atomen zusammengesetzt ist, die sich beim Tod auflösen und zerstreuen. Vgl. die Diskussion im 1. Buch der *Tuskulanen*. Die Ehrungen für die Toten ebd., 1,27.

9 Großgriechenland, *Magna Graecia*, das von Griechen besiedelte Unteritalien. Hier hatte Pythagoras, von Samos kommend, 509 v.Chr. in Kroton eine philosophische Schule begründet, zu der die Lehre von der Seelenwanderung gehörte. Vgl. *Tuskulanen* 1,38f.

10 Ciceros Staatsschrift *De re publica – Vom Staat* mit dem *Somnium Scipionis*, Scipios Traumvision (6,9ff.).

11 Theseus und Peirithoos, Orestes und Pylades, Achilleus und Patroklos, Damon und Phintias (zu den beiden letzteren vgl. Ciceros *Tuskulanen* 5,63 und seine Pflichtenlehre *De officiis – Vom pflichtgemäßen Handeln* 3,45; Valerius Maximus 4,7 Ext. 1 und Schillers Ballade *Die Bürgschaft*: »Zu Dionys dem Tyrannen schlich Damon, den Dolch im Gewande …«).

12 *Quid sentias* – hier klingt *sententia* an, die Stimmabgabe im Senat oder die Rechtsauskunft. Die Unterweisung der Jüngeren ist eine Aufgabe, wie sie dem römischen Senator und Staatsmann zukommt. Auch die Rede Catos über das Alter ist seine bzw. Ciceros *sententia* (*Cato Maior*, Kap. 1,3 Ende). Vgl. Cicero, *De divinatione – Von der Weissagung* 2,4f. und 7.

13 Eine Gliederung des Vortrags in drei Hauptteile, jedoch nicht im Sinne einer strengen Systematik. Laelius soll und will keinen Kathedervortrag halten wie die genannten Philosophielehrer.

14 Die Stoiker. Ihre strenge Pflichtauffassung wurde zwar von den Römern gebilligt, ihre Definitionen galten jedoch vielfach als zu theoretisch und wirklichkeitsfremd. So war der stoische Weise ein Ideal, für römische Begriffe aber ein Mensch, der Einsicht und sittliche Tugend verband, was sich im Einsatz für die staatliche

Gemeinschaft zeigte. Als Beispiele dafür nennt Cicero die Vorbildgestalten aus Roms Geschichte, bei Seneca ist es daneben noch besonders die Person Catos des Jüngeren (vgl. Seneca, *Glück und Schicksal*, hrsg. von M. Giebel, Stuttgart 2009). Dass wahre Freundschaft nur zwischen *boni*, Guten, also moralisch integren Personen bestehen kann, war schon die Überzeugung des Aristoteles, die von den Stoikern, von Cicero wie auch von Seneca geteilt wurde.

15 *Pingui Minerva*. Minerva war ursprünglich eine alte italische Gottheit, später mit Athene gleichgesetzt, ihr Name wurde mit *mens* in Zusammenhang gebracht. *Pinguis*, wörtl. ›fett‹, hier eine bodenständige, schlichte Redeweise im Gegensatz zu einer allzu subtilen, »mageren«. Vgl. *crassa Minerva* bei Horaz, *Satiren* 2,2,3.

16 Der Natur gemäß leben war ein Hauptgrundsatz der stoischen Philosophie. Die Natur aber hat die Menschen zum Leben und Wirken in der Gemeinschaft bestimmt, wie es römischer Tradition entsprach. Daher lebten die Vorbildgestalten Roms auch ohne philosophische Vorbildung nach dieser Maxime. Vgl. Cicero, *De officiis – Vom pflichtgemäßen Handeln* 1,22 und Scipios Traum aus *De re publica – Vom Staat* 6,9.

17 Vgl. Seneca, *De tranquillitate animi – Von der Gemütsruhe* 7 (vgl. M. Giebel, *Glück und Schicksal* [s. Anm. 14], S. 64 f.). Sein Lob der Freundschaft auch im 6. Brief der *Briefe an Lucilius*.

18 Die bekannte Definition des Freundes als *alter ego*, zweites Ich, geht wie vieles auf Aristoteles zurück, z. B. *Nikomachische Ethik* 9,1166a und 1170b; vgl. auch hier Kap. 21,80.

19 Ursprünglich Ausdruck aus der Gerichtssprache; vgl. z. B. Plautus, *Captivi – Die Gefangenen* 750: *vis haec quidem hercle est*; Terenz, *Adelphoe – Die Brüder* 943: *vis est haec quidem*, und Caesars letzte Worte bei Sueton, *Divus Iulius* 82,1: *Ista quidem vis est!*

20 Vergröbernder Vorwurf gegen die Epikureer. Die epikureische Philosophie wird ausführlich diskutiert bei Cicero in Buch 1 und 2 von *De finibus bonorum et malorum – Über das höchste Gut und das größte Übel*. Über die Freundschaft vgl. ebd., 1,65–70 und 2,78–85. – Dass der Mensch im Gegensatz zum Vieh aufgerichtet

nach oben blicken kann, wird oft als ein verpflichtendes Privileg angesehen, so u. a. von Platon und Xenophon; vgl. Cicero, *De legibus – Von den Gesetzen* 1,26; zu den Epikureern vgl. auch Anm. 26.

21 Dies ist, wie das folgende zeigt, nur als Idealfall anzusehen. Aristoteles erklärt, die Freundschaft der tugendhaften Menschen sei beständig, da diese mit sich selbst und untereinander einträchtig sind und sich sozusagen immer gleich bleiben. Doch auch er sieht viele Gründe für eine Veränderlichkeit von Freundschaften; vgl. besonders das 8. und 9. Buch der *Nikomachischen Ethik*.

22 Vgl. auch die Übersetzung von Büchner (1964), S. 426: »Denn wir sind jetzt an dem Punkt, Fannius und Scaevola, dass wir weit vorsorgen müssen für künftige Unheilsereignisse für das Gemeinwesen« (*Laelius* 40). – Laelius äußert auch in seiner Rede in *De re publica* Besorgnis über die Lage des römischen Staates, der ewig bestehen könne, wenn er den von den Vorfahren geprägten Traditionen folgte (3,41).

23 Laelius erinnert an den Tod Scipios (vgl. Kap. 3,12): Seine Gefühlsbewegung verweist auf das *Somnium Scipionis*, wo Scipio von seinem Ahnherrn, dem älteren Scipio Africanus, einen Hinweis auf seinen gewaltsamen Tod erhält und Laelius mit einem schmerzlichen Aufschrei reagiert (*De re publica* 6,12).

24 Cicero hebt mehrfach hervor, dass die staatstreu Gesinnten den radikalen Gruppierungen meist unterlegen sind, da sie zu lange in Untätigkeit verharren und sich meist erst aufraffen, wenn es zu spät ist; vgl. *Rede für Sestius* 100.

25 Hinweis auf die Zeit Ciceros: die Verschwörung des Catilina, die Cicero als Konsul niederschlug (63 v. Chr.), und der Bürgerkrieg, den Caesar mit dem Übergang über den Rubikon entfesselte (49–47 v. Chr.), sodann auch die darauffolgende Zeit unter Caesars Alleinherrschaft.

26 Die Epikureer sahen die Freundschaft als Mittel zum glücklichen Leben an und pflegten sie; freilich dürfe sie nicht die erwünschte *ataraxía* stören, die Gemütsruhe. Die anderen sind die Kyrenaiker, die Anhänger des Aristipp von Kyrene (um 435–355 v. Chr.),

die Lust und Genuss hochschätzten und den Ursprung der Freundschaft in Mangel und Bedürfnis sahen; sie diene dem Nutzen; vgl. Kap. 8, 26ff. Einige von ihnen lehnten die Freundschaft ganz ab, denn der Weise sei autark und brauche keine Freunde; vgl. Diogenes Laertios, *Leben und Lehre der Philosophen* 2,91–98. Aristoteles (*Nikomachische Ethik* 9,1169b) kritisiert diese Ansicht, denn Freunde zu haben und ihnen Gutes zu tun, gehöre zu den Glücksgütern. Seneca erklärt die Selbstgenügsamkeit des Weisen so: Er will nicht ohne Freunde sein, aber er kann es, wenn nötig (*Briefe an Lucilius* 9,5; vgl. auch ebd., 6).

27 Die Stoiker wollen jegliche Affektreaktion ausschließen, eine rigide Position, die Laelius bzw. Cicero schon in Kap. 2,8 abgelehnt hat; vgl. Anm. 5.

28 So versteht Valerius Maximus wohl den Ausspruch des Bias, von dem er sagt, er erscheine zwar auf den ersten Blick allzu spitzfindig und im Widerspruch zu der unter Freunden geschätzten Offenheit, bei tieferem Nachdenken werde man aber doch einen Nutzen dabei finden (7, Ext. 3). Vgl. Augustinus, *De civitate dei – Vom Gottesstaat* 12,21.

29 Zu solchen Konzessionen gehörte es z. B., als Prätor einen Gerichtstermin zu verschieben, bis andere, für den Angeklagten günstigere Beamte ihr Amt angetreten hatten, oder den Zeitpunkt für Anklage und Verteidigung entsprechend zu verlegen; vgl. Cicero, *De officiis – Vom pflichtgemäßen Handeln* 3,43ff. und 2,31. Gellius, *Noctes Atticae – Attische Nächte* 1,3 behandelt einen Gewissenskonflikt in diesem Zusammenhang und diskutiert dazu Ciceros *Laelius* und Theophrasts (verlorenes) Werk über die Freundschaft. – Zum folgenden vgl. die Denkschrift, die Ciceros Bruder Quintus bei der Bewerbung um das Konsulat an ihn richtete (*Commentariolum petitionis*; Q. Tullius Cicero, *Tipps für einen erfolgreichen Wahlkampf*, Lat./Dt., übers. und hrsg. von K. Brodersen, Stuttgart 2013).

30 Hier und im folgenden liegt Xenophon, *Memorabilien* 2,4ff., zugrunde: Sokrates gibt Ratschläge für die Freundschaft; vgl. *Tuskulanen* 2,62: Scipio Africanus habe immer den Xenophon in Hän-

den gehabt. Die Wertschätzung Xenophons als Sokratesschüler zeigt sich auch mehrfach im *Cato maior*, u.a. in Kap. 17,59: ein Aufruf zum Lesen seiner Schriften.

31 *Amicus certus in re incerta cernitur* – der Vers wurde zum Sprichwort, sinngemäß auch bei Ovid, *Tristien* 1,9,5 f., und anderen.

32 Ein Sprichwort, das sich schon bei Aristoteles findet, etwa *Nikomachische Ethik* 8,1156b: »Denn wie das Sprichwort sagt, kann man einander nicht richtig kennen, bevor man nicht jenes bekannte Quantum Salz miteinander gegessen hat. So kann man sich vorher auch nicht aufeinander einlassen und Freunde werden, bevor sich nicht einer für den andern als liebenswert erwiesen hat und sein Vertrauen genießt.«

33 Wie Romulus und Remus, die ausgesetzt und von einem Hirtenpaar aufgezogen wurden, ebenso wie die Zwillingssöhne der Antiope, Amphion und Zethos, in der Tragödie *Antiopa* des in Kap. 7,24 genannten Dichters Pacuvius (s. Verzeichnis der Eigennamen). In der Komödie und später im Roman ein häufiges Motiv, z. B. bei Longos, *Daphnis und Chloe*.

34 Da die Tugend sich im sozialen Handeln verwirklicht, braucht sie die Gemeinschaft, was Cicero in *De re publica – Vom Staat* und *De officiis – Vom pflichtgemäßen Handeln* besonders betont.

35 Vgl. Cicero, *De legibus – Von den Gesetzen* 1,25: *Est autem virtus nihil aliud nisi perfecta et ad summum perducta natura.* – »Es ist aber die Tugend nichts anderes als die vollendete und zur Erfüllung geführte Natur.«

36 Vgl. Seneca, *Briefe an Lucilius* 3,2: »Ja, berate dich in allem mit deinem Freund, über ihn aber vorher. Nachdem man Freundschaft geschlossen hat, muss man vertrauen, vorher urteilen.« Der Rat geht auf Theophrasts verlorenes Werk über die Freundschaft zurück, das, wie Gellius (1,3,11 ff.) darlegt, auch Cicero gekannt habe (vgl. auch Anm. 29).

37 *Acta agere* – eine schon abgemachte Sache, die sich nicht mehr ändern lässt, noch einmal vornehmen; ein Ausdruck aus der Gerichtssprache.

38 Ein Beispiel für die in der Rhetorik geforderte *dissimulatio artis*,

das Verbergen der Kunst. Es gehörte zum urbanen Ton, nicht mit seiner Bildung zu prunken, vor allem nicht mit griechischer Gelehrsamkeit, um nicht als *graeculus*, als Stubengelehrter, zu gelten.

39 Terenz, *Andria* V. 68. Die später folgenden Verse des Terenz sind aus seiner Komödie *Der Eunuch* (3,1f.). Gnatho ist ein Parasit, ein Schmarotzer und Schmeichler, ein häufiger Typ aus der Komödie. Er erklärt hier, wie man mit dieser seiner Tätigkeit, geradezu einem neuen Beruf, gut leben könne; vgl. Anm. 42.

40 Vgl. Cicero, *De officiis – Vom pflichtgemäßen Handeln* 1,91, sowie Plutarch, *Moralia: Wie man Nutzen zieht aus seinen Feinden.* Zur Schmeichelei vgl. Plutarch, *Wie man den Schmeichler vom Freund unterscheidet*, hier auch zur Freundespflicht der freimütigen Kritik.

41 Scipio war zu der Zeit (131 v. Chr.) kein Konsul oder hoher Beamter, also bei seinem Auftritt offiziell nur *comes magistratuum*, im Gefolge der Magistratspersonen. – Zur seinerzeit berühmten Rede des Laelius vgl. Cicero, *Brutus* 83.

42 Das Zitat stammt von Terenz, aus dem bereits zitierten Stück *Der Eunuch*. Der Sprecher Thraso ist ein Typ wie der ruhmredige Soldat aus der bekannten Komödie des Plautus, *Miles gloriosus.* Thraso fragt den Schmeichler Gnatho, wie seine Freundin Thais sein Geschenk aufgenommen habe.

43 Aus einer nicht erhaltenen Komödie des C. Caecilius [Statius]: *Epiclerus – Die Erbtochter*; vgl. Cicero, *Cato Maior – Über das Alter* 11,36.

44 Zum sogenannten Scipionenkreis vgl. *Handbuch der lateinischen Literatur der Antike*, hrsg. von W. Suerbaum, Bd. 1, München 2002, S. 483ff.

45 Bei Cicero, *De oratore – Vom Redner* 2,22, wird erzählt, wie Laelius und Scipio auf dem Land Entspannung fanden: Sie hätten sogar, man wage es bei solchen Männern kaum zu sagen, am Strand Muscheln gesammelt. Horaz erwähnt den vertrauten Umgang beider mit dem Dichter Lucilius: »Ja wenn vom Volk und der [Redner-]Bühne zurück in die Stille sich zogen / Scipios Tatkraft

und Laelius' milde Weisheit, so waren / mit ihm zu scherzen gewohnt sie und zwanglos zu spielen, / bis gekocht war der Kohl« (*Satiren* 2,1,71–74, Übers. B. Kytzler). Damit bezieht sich Horaz auf ein Zitat aus den *Saturae* des Lucilius, in dem dieser die Genügsamkeit des Laelius bei Gastmählern hervorhebt; vgl. Cicero, *De finibus bonorum et malorum – Über das höchste Gut und das größte Übel* 2,24.

Zeittafel

v. Chr.

106	3. Januar: Marcus Tullius Cicero wird als Sohn eines römischen Ritters in Arpinum geboren
91	Cicero in Rom. Ausbildung als Anwalt und Politiker
80	Erste große Gerichtsrede unter Sullas Diktatur: *Für Sextus Roscius aus Ameria*
79–77	Bildungsreise nach Griechenland
75	Cicero Quästor in Sizilien
70	Erstes Konsulat des Pompeius und Crassus. Cicero siegreich als Anwalt im Verres-Prozess; führender Anwalt Roms
66	Cicero Prätor. Erste Staatsrede: *Für den Oberbefehl des Cn. Pompeius* im Mithridatischen Krieg
63	Cicero Konsul. Aufdeckung der Verschwörung des Catilina. 5. Dezember: Senatssitzung und Beschluss des Todesurteils gegen die Catilinarier. Vier *Catilinarische Reden* Ciceros
60	Erstes Triumvirat zwischen Caesar, Pompeius und Crassus zur Durchsetzung ihrer politischen Ziele
59	Caesar Konsul. Cicero verweigert den Anschluss an die Triumvirn
58–51	Caesar erobert Gallien
58	Der Volkstribun Clodius setzt die Ächtung und Verbannung Ciceros wegen seines Vorgehens gegen die Catilinarier durch
58–57	Cicero in der Verbannung in Dyrrhachium und Thessalonike
57	4. September: Rückkehr Ciceros
56	Ciceros *Rede für Sestius*: Programm eines Zusammenschlusses aller staatstreu Gesinnten (*consensus bonorum omnium*). Die Triumvirn erneuern ihr Bündnis auf der Konferenz von Lucca und bestimmen das politische Leben in Rom. Cicero ohne Einfluss. Seine erste schriftstellerische Periode: *De oratore – Vom Redner, De re publica – Vom Staat, De legibus – Von den Gesetzen*
55	Zweites Konsulat des Pompeius und Crassus

53	Entfremdung zwischen Caesar und Pompeius. Crassus fällt bei Carrhae gegen die Parther. In Rom Bandenterror des Clodius
51	Cicero Statthalter in Kilikien (Kleinasien), er wird zum Imperator ausgerufen
49	Verhandlungen über Caesars Ablösung in Gallien. Zuspitzung des Konflikts zwischen dem Senat und Caesar. 4. Januar: Rückkehr Ciceros, sein Vermittlungsversuch scheitert. 11. Januar: Caesar überschreitet den Rubikon. Beginn des Bürgerkriegs. 7. Juni: Cicero begibt sich ins Lager des Pompeius und der Senatspartei
48	9. August: Niederlage des Pompeius bei Pharsalos, seine Ermordung in Ägypten. Rückkehr Ciceros nach Brundisium
47	Caesar in Ägypten und Kleinasien. 25. September: Begnadigung Ciceros, Rückkehr nach Rom. Caesar Dictator, Cicero politisch kaltgestellt. Seine zweite schriftstellerische Epoche: u.a. *Laelius – Von der Freundschaft, Cato Maior de senectute – Vom Alter, Tusculanae disputationes – Gespräche in Tusculum, De officiis – Vom pflichtgemäßen Handeln.* Reden für ehemalige Pompeianer vor Caesar: *Für Marcellus, Für Ligarius, Für den König Deiotarus*
44	15. März: Ermordung Caesars. Die Caesar-Mörder Brutus und Cassius können sich in Rom nicht gegen Marcus Antonius halten
44/43	Erneuter Bürgerkrieg. Cicero Führer der Senatspartei: Er hält die *Philippischen Reden* gegen Marcus Antonius; versucht, Caesars Adoptivsohn Octavian auf der Linie des Senats zu halten. Dieser verbündet sich jedoch mit Antonius und Lepidus zu einem Triumvirat und errichtet eine Militärdiktatur in Rom. Ächtung der politischen Gegner (schwarze Listen, Proskriptionen)
43	7. Dezember: Cicero wird als Opfer der Proskriptionen ermordet
42	Niederlage und Tod der Caesar-Mörder Brutus und Cassius gegen Antonius und Octavian (den späteren Augustus) bei

Philippi. In der Folge Kampf zwischen Octavian und Antonius um die Alleinherrschaft

31 Sieg des Octavian über Antonius bei Actium, Octavian Alleinherrscher, ernennt 30 v. Chr. Ciceros Sohn Marcus zum Konsul. Er führte in diesem Amt die *damnatio memoriae*, die Ächtung des Antonius, aus

Verzeichnis der Eigennamen

(alle Jahreszahlen v. Chr.)

L. Acilius: angesehen als Rechtsgelehrter, Zeitgenosse Catos des Älteren.

Q. Aelius Tubero: mit Tiberius Gracchus befreundet, sagte sich dann als Volkstribun um 133 von ihm los. Dialogpartner in Ciceros Staatsschrift *De re publica*.

Q. Aemilius Papus: zusammen mit C. Fabricius Luscinus Konsul 282 und 278 und Zensor 275.

L. Aemilius Paullus Macedonicus: Konsul 182 und 168, Sieger über den Makedonenkönig Perseus bei Pydna (168). Wenige Tage vor und nach seinem Triumph 167 verlor er seine beiden 14 bzw. 12 Jahre alten Söhne. Im Vertrauen auf sie hatte er seinen älteren Sohn, den späteren Scipio Africanus den Jüngeren, zur Adoption in die Scipionenfamilie gegeben (daher dessen Beiname Aemilianus).

Africanus: s. *Scipio*.

Agrigent: griech. Akragas, an der Südküste Siziliens; Heimat des Philosophen Empedokles (um 494–434), eines der Vorsokratiker, Verfasser von Lehrgedichten. In seiner Kosmogonie nimmt er neben den vier Elementen Erde, Luft, Feuer und Wasser zwei Prinzipien an: Liebe bzw. Freundschaft (*philótes*) und Streit bzw. Zwietracht (*neĩkos*), die auf die Elemente einwirken, in harmonischer Mischung durch die Liebe, in Trennung durch den Streit.

Apollon: Gott des Orakels von Delphi, das Sokrates zum Weisesten erklärt hatte.

Archytas von Tarent: pythagoreischer Philosoph, Mathematiker und Staatsmann (um 400); Freund Platons, der diesem bei seinem Besuch pythagoreisches Gedankengut vermittelte.

Atticus: Titus Pomponius Atticus (110–32); Freund Ciceros, hatte seinen Beinamen von seinem langen Aufenthalt in Athen und seiner Liebe zur griechischen Kultur. Er sympathisierte mit der Philosophie Epikurs und lehnte daher eine aktive Teilnahme am politischen Leben ab, stand aber mit vielen Römern in enger Verbin-

dung. Von seinem beträchtlichen Vermögen unterhielt er in Epirus (beim heutigen Butrint in Albanien) ein Mustergut. Als Liebhaber der Literatur beschäftigte er Schreiber und Kopisten und sorgte für die Veröffentlichung und Verbreitung von Ciceros Werken. Sein Briefwechsel mit Cicero ist eines der bedeutendsten Zeugnisse der Antike; vgl. die Lebensbeschreibung von Cornelius Nepos. Er ist Dialogpartner in *De legibus – Von den Gesetzen*, Adressat des *Laelius* und *Cato*, mit Cicero auch verwandt durch die Heirat seiner Schwester Pomponia mit Ciceros Bruder Quintus.

Augur, Auguren: Priesterschaft, die Erscheinungen aus der Natur deutete wie Blitz und Donner, Erdbeben oder den Vogelflug (*auspicium*) als Auspizien, Zeichen, wodurch die Götter ihre Zustimmung oder Ablehnung zu bestimmten Vorhaben des Staates kundtaten. Vgl. auch *Brutus, Decimus*, s. auch *Pontifex*.

Bias: aus Priene, einer der Sieben Weisen, Staatsmänner und Philosophen des frühen Griechentums, denen Sprüche zugeschrieben werden wie: »Erkenne dich selbst!« – »Nichts im Übermaß!«

C. Blossius: aus Cumae; Stoiker, Anhänger und Freund des Tiberius Gracchus, der auch nach dessen Tod seine Ideen vertrat. Vor der Verfolgung der Anhänger der Gracchen floh er nach Pergamon in Kleinasien zum dortigen Machthaber Aristonikos, um sich an dessen sozialrevolutionären Umtrieben gegen Rom zu beteiligen. Als dieser besiegt wurde, beging Blossius 129 Selbstmord; vgl. Plutarch, *Leben des Tiberius Gracchus* 20, Valerius Maximus 4,7,1; Montaigne, *Essays: Von der Freundschaft.*

Brutus: Decimus Iunius Brutus; der damalige Vorsitzende des Priesterkollegiums der Auguren, s. *Augur*. Bei dem in Kap. 2,7 erwähnten Treffen wurden wohl die jüngst erteilten Gutachten über Vorzeichen besprochen und im Archiv niedergelegt.

C. Caecilius Statius: römischer Komödiendichter (um 230/220 – um 168). Er kam als Kriegsgefangener wohl von Mediolanum (Mailand) nach Rom, wurde Schüler des Ennius; von seinen Stücken sind nur Fragmente überliefert. In den *Synepheben*, den *Jugendfreunden*, lässt er zwei gegensätzliche Charaktere auftreten.

L. Caecilius Metellus: s. *Metellus*.

C. Carbo: Gaius Papirius Carbo; Konsul 120, Parteigänger der Gracchen, stellte als Volkstribun 131 den Gesetzesantrag, dass man das Amt des Volkstribunen mehr als einmal innehaben konnte, was von der Nobilität scharf abgelehnt wurde. Man verdächtigte ihn, am Tod des Scipio Africanus des Jüngeren beteiligt gewesen zu sein.

L. Cassius: Lucius Cassius Longinus Ravilla; brachte 137 ein Gesetz über die schriftliche Abstimmung bei Gerichtsverfahren (*lex tabellaria*) ein, eine Ergänzung zum Gesetz des Gabinius (s. d.). Als Richter stellte er stets die Frage: *Cui bono?* – »Wem hat die Tat zum Vorteil gereicht?«

Sp. Cassius: Spurius Cassius Vecellinus; Konsul 502, 493, 486; brachte, wie später die Gracchen, ein Gesetz zur Verteilung von Ackerland ein und wurde von den Gegnern dieses Gesetzes aus der Nobilität wegen angeblichen Strebens nach der Alleinherrschaft getötet.

C. Cato: Gaius Porcius Cato; Enkel Catos des Älteren, Konsul 114, Parteigänger des Tiberius Gracchus.

M. Cato: Marcus Porcius Cato der Ältere (234–149; zu unterscheiden von seinem Urenkel Cato dem Jüngeren), mit dem Beinamen Censorius von der strengen Ausübung seines Amtes als Zensor 184. Konsul 195, Feldherr, Redner und Schriftsteller, Vorbildgestalt für römische *virtus* (Sittenstrenge und Pflichtbewusstsein); Titelfigur in Ciceros *Cato Maior de senectute – Über das Alter*. Sein Sohn starb 152, schon zum Prätor gewählt.

Coriolan: Gnaeus Marcius Coriolanus (5. Jh.); Sieger über die Volsker, ging aus gekränktem Ehrgeiz zu ihnen über und zog gegen Rom; vgl. Livius 2,34–40 und das Drama von Shakespeare.

Ti. Coruncanius: Konsul 280; 252 als erster Plebejer Pontifex maximus; bedeutender Rechtsgelehrter und Feldherr; mit seinem Freund Curius Dentatus gehörte er zum Kanon der römischen Vorbildgestalten.

C. Crassus: Gaius Licinius Crassus; Volkstribun 145; sprach als erster auf dem Forum nicht dem Senat, sondern dem Volk zugewandt, was ihm von der Senatspartei als Haschen nach der Volksgunst

verübelt wurde. Er beantragte, dass die Priester wie die Magistrate vom Volk gewählt würden, während sie derzeit das Recht der *cooptatio* hatten, d. h. neue Mitglieder selbst nachzuwählen.

M'. Curius: Manius Curius Dentatus; viermal Konsul zwischen 290 und 275; 272 Zensor. 275 Sieger über König Pyrrhos von Epirus bei Benevent; mit seinem schlichten und einfachen Leben und seiner Unbestechlichkeit eine der Vorbildgestalten Roms.

Q. Ennius: römischer Dichter aus Rudiae in Kalabrien (239–169); von Cato nach Rom gebracht, als Mittler griechischer Bildung dem Kreis um Scipio nahestehend, schrieb Tragödien und Komödien in Anlehnung an griechische Dramen und ein Epos *Annalen*, in dem er die römische Geschichte darstellt. Obwohl oft zitiert, sind seine Werke nur in Fragmenten erhalten.

Q. Fabius: Quintus Fabius Maximus Aemilianus; Sohn des Aemilius Paullus, von den Fabiern adoptiert, älterer Bruder des Scipio Africanus des Jüngeren, Freund des Geschichtsschreibers Polybios.

C. Fabricius: Gaius Fabricius Luscinus; Konsul 282 und 278, Zensor 275; nahm als Gesandter die Bestechungsgelder von König Pyrrhos nicht an; lieferte einen Überläufer, der versprach, König Pyrrhos zu vergiften, an diesen aus; vgl. Ciceros *De officiis – Von den Pflichten* 1,40. Als Freund des Aemilius Papus, schlicht und unbestechlich wie dieser, gehört er zum Kanon der römischen Vorbildgestalten.

C. Fannius: Schwiegersohn des Laelius; Konsul 122; gebildet in Philosophie und Redekunst, Verfasser eines Geschichtswerkes, Dialogpartner im *Laelius* und in Ciceros Werk vom Staat *De re publica*.

A. Gabinius: Volkstribun 139. Während vorher bei Wahlen der Magistrate mündlich abgestimmt wurde, brachte Aulus Gabinius ein Gesetz ein zur geheimen schriftlichen Abstimmung durch Stimmtäfelchen; vgl. *Cassius*. Die geheime Abstimmung wurde von der Senatspartei abgelehnt, da sie die Überprüfung der Loyalität ihrer Klienten, der Anhänger aus den unteren Schichten, erschwerte.

C. Galus: Gaius Sulpicius Galus (oder Gallus); Konsul 166; Freund und Kriegsgefährte des Aemilius Paullus, konnte aufgrund seiner astronomischen Kenntnisse das Heer bei einer Mondfinsternis

aufklären und beruhigen; vgl. Cicero, *De re publica* 1,23 und *Cato maior* 14,49. Wie Aemilius Paullus verlor er seinen Sohn.

C. Gracchus: Gaius Sempronius Gracchus (153–121); jüngerer Bruder des Tiberius; wollte dessen Reformwerk fortsetzen. Großer Redner, Volkstribun 123, 122; er scheiterte jedoch ebenso wie sein Bruder am Widerstand der Senatspartei und kam 121 bei Unruhen in Rom um.

Ti. Gracchus: Tiberius Sempronius Gracchus (162–133); Schwager des jüngeren Scipio; 133 Volkstribun, wollte mit einem Reformwerk das Ackerland in Italien zugunsten ärmerer Schichten neu verteilen. Die dazu notwendige Gesetzgebung und Enteignung wurde von den Großgrundbesitzern abgelehnt; es kam zu Unruhen, in deren Verlauf Tiberius Gracchus 133 getötet wurde. Da die Reformen der Gracchen oft radikal vorangetrieben wurden, verstärkte sich der Widerstand der Senatspartei, der Nobilität, die das negative Bild der Gracchen als Unruhestifter, ja Zerstörer des Staates prägte, dem hier auch Cicero folgt. Die ungelösten Probleme verursachten in der Folgezeit immer wieder politisch-soziale Konflikte. Ein positives Bild zeichnet Plutarch in seinen Viten der Gracchen.

Ti. Gracchus: Tiberius Sempronius Gracchus; Vater der beiden Volkstribunen, Schwiegervater Scipios des Jüngeren; 177 und 163 Konsul, 169 Zensor.

Hannibal: Feldherr der Karthager (Punier) im Zweiten Punischen Krieg (218–202); brachte Rom schwere Niederlagen bei (so 216 bei Cannae), war besonders verhasst wegen seiner Grausamkeit gegen römische Gefangene; von Scipio Africanus dem Älteren 202 bei Zama besiegt.

C. Laelius: mit dem Beinamen Sapiens, der Weise (geb. um 190); Titelfigur in Ciceros *Laelius de amicitia*; 140 Konsul; Freund und Kriegsgefährte des jüngeren Scipio Africanus, Liebhaber griechischer Bildung, gerühmt als Redner, Dialogpartner auch in Ciceros Staatsschrift und im *Cato*.

Laenas: s. *P. Popilius Laenas.*

Lykomedes: König der Doloper auf der Insel Skyros. Da ein Orakel-

spruch den frühen Tod des Achilleus vor Troja prophezeit hatte, verbarg ihn seine Mutter Thetis als Mädchen verkleidet bei Lykomedes. Odysseus enttarnte ihn durch eine List und nahm ihn mit nach Troja. Vgl. *Neoptolemos.*

Sp. Maelius: reicher Plebejer; hatte während einer Hungersnot 440/439 Getreide aus seinem eigenen Besitz für das Volk ausgegeben, wurde von der Senatspartei verdächtigt, er wolle sich damit eine Ausnahmestellung verschaffen. Spurius Maelius wurde schließlich wegen angeblichen Strebens nach dem Königtum von Servilius Ahala getötet und als Demagoge und Aufrührer zum Negativbeispiel römischen Bürgerverhaltens gestempelt; vgl. Livius 4,13 ff.

L. Mancinus: Lucius Hostilius Mancinus; mit Q. Fabius Maximus Aemilianus, dem Bruder Scipios des Jüngeren, 145 Konsul; Flottenführer im Dritten Punischen Krieg.

Q. Metellus: Quintus Caecilius Metellus Macedonicus; Konsul 143, Zensor 131 mit Q. Pompeius; siegreicher Feldherr in Makedonien, daher sein Beiname. Kollege des Laelius im Augurenamt. Anhänger der Nobilität, Gegner der Gracchen, aber auch zeitweise des jüngeren Scipio Africanus.

Q. Mucius Scaevola: Scaevola trägt im Unterschied zum folgenden den Beinamen Augur (s. d.); 117 Konsul; philosophisch gebildet, angesehener Rechtsgelehrter, dem Ciceros Vater seinen Sohn zur Unterweisung anvertraute. Gewährsmann für den *Laelius,* Dialogpartner in Ciceros Staatsschrift *De re publica* und in *De oratore – Vom Redner.*

Q. Mucius (Scaevola Pontifex): bedeutender Redner und Rechtsgelehrter; Konsul 95, Mitglied des Priesterkollegiums der *pontifices;* s. *Pontifex.* Quintus Mucius wurde ihr Oberhaupt, Pontifex maximus, und übernahm nach dem Tod seines Verwandten, des Augurs, die weitere juristische und rednerische Ausbildung Ciceros. Er wurde 82 während der Schreckensherrschaft Sullas ermordet.

Sp. Mummius: Spurius Mummius; philosophisch gebildet, Freund des Laelius und des Scipio, Dialogpartner in Ciceros Staatswerk.

P. Nasica (Corculum): Publius Cornelius Scipio Nasica Corculum; Vater des Nasica Serapio (s. d.); Konsul 162 und 155, Zensor 159, Pontifex maximus 150; Vetter des jüngeren Scipio; verfasste eine Geschichte des von ihm gegen König Perseus von Makedonien geführten Krieges.

P. Nasica: Publius Cornelius Scipio Nasica Serapio; Konsul 138; Führer der Senatspartei im Kampf gegen Tiberius Gracchus, seinen Vetter, an dessen Ermordung er maßgebliche Schuld trug. Von den Anhängern der Gracchen angeklagt und vom Volk bedroht, zog er sich mit Hilfe der Senatspartei als Mitglied einer Gesandtschaft nach Pergamon zurück und starb dort 132/131.

Neoptolemos: Sohn des Achilleus von der Königstochter Deidamia auf Skyros. Er wurde wie sein Vater von Odysseus geholt und trug entscheidend zur Eroberung Trojas bei. Sein Großvater Lykomedes (s. d.) widersetzte sich seiner Abfahrt wegen ungünstiger Orakel.

M. Pacuvius: Marcus Pacuvius (220–130); römischer Tragödiendichter; seine Dramen sind nicht erhalten. Neffe des Ennius und Freund des Laelius, der in Kap. 7,24 die Aufführung eines Stückes mit einem Stoff aus der Atridensage (wohl mit dem Titel *Chryses*) erwähnt: Orestes, der Sohn Agamemnons, ist nach dem Muttermord mit seinem Freund Pylades auf der Flucht, beide werden gefangen genommen, Orestes soll getötet werden, da gibt sich sein Freund für ihn aus. Cicero erwähnt diese Stelle auch in *De finibus bonorum et malorum – Über das höchste Gut und das größte Übel* 5,63. Auf die Tragödie *Antiopa* spielt Laelius an mit den unerkannt bei Hirten aufwachsenden Kindern; vgl. hier Kap. 19,70.

C. Papirius: s. *Carbo.*

Paullus: s. *L. Aemilius Paullus.*

L. Philus: Lucius Furius Philus; Konsul 136; Freund des Scipio; Dialogpartner in Ciceros Staatsschrift *De re publica.* Seine Rede gegen die Gerechtigkeit (ebd., 3,5,8) bezieht sich auf einen Vortrag, den eine Gesandtschaft von Philosophen aus Athen 155 in Rom gehalten hatte, und drückt nicht seine eigene Überzeugung aus. Der Philosoph Karneades hatte bei dieser Gesandtschaft erst für, dann gegen die Gerechtigkeit gesprochen, was seine Hörer irritierte,

aber der akademischen Praxis des Für- und Wider-Argumentierens entsprach.

Q. Pompeius (Nepos): Quintus Pompeius Nepos; hatte Scipio versprochen, Laelius bei der Bewerbung um das Konsulat zu unterstützen, kandidierte dann aber selbst (Konsul 141).

Q. Pompeius: Quintus Pompeius Rufus; mit Sulla 88 Konsul; kam in den Auseinandersetzungen zwischen Marius und Sulla 87 um; s. auch *Q. Sulpicius Rufus.*

Pontifex: Mitglied des angesehensten römischen Priesterkollegiums, das über die Einhaltung der Riten und Kultbräuche wachte und auch die Daten des Kalenders verkündete. Die *pontifices* waren wie die Auguren keine Angehörigen einer Priesterkaste, sondern übten ihre Ämter als staatsbürgerliche Aufgabe aus.

P. Popilius Laenas: Publius Popilius Laenas; Konsul 132; Gegner des Tiberius Gracchus; hielt eine gerichtliche Untersuchung gegen die Anhänger des Tiberius Gracchus ab; wurde 123 auf Betreiben des Gaius Gracchus verbannt, 121 wieder zurückberufen.

Pyrrhos: König von Epirus 319–272; mit dem Herrscherhaus Alexanders des Großen verwandt; kämpfte gegen dessen Nachfolger, die Diadochen; wandte sich gegen Rom, wo er in Italien 279 und 275 verlustreiche Siege errang (»Pyrrhussieg«) und sich schließlich zurückzog; vgl. *Fabricius.* Pyrrhos behandelte die römischen Gefangenen großmütig und milde und ließ die gefallenen Römer bestatten, was zu seinem positiven Bild beitrug (vgl. Ennius, *Fragmente*, Lat./Dt., hrsg. von O. Schönberger, Stuttgart 2009, S. 40 f.).

L. und *P. Rupilius:* Lucius und Publius Rupilius waren Freunde des Laelius und Scipio; von letzterem bei der Bewerbung ums Konsulat unterstützt. P. Rupilius hielt 132 als Konsul zusammen mit P. Popilius Laenas die gerichtliche Untersuchung über die Verurteilung von Anhängern der Gracchen ab. Er starb angeblich aus Kummer über die Wahlniederlage seines Bruders Lucius.

P. Rutilius: Publius Rutilius Rufus; Konsul 105; mit Laelius und Scipio befreundet; philosophisch gebildet, Hörer des Stoikers Panaitios, Redner und Rechtsgelehrter. Er machte sich bei der Verwaltung der Provinz Asia in Kleinasien bei den Steuerpächtern un-

beliebt, weil er deren ausbeuterische Methoden anprangerte. Sie setzten 92 seine Verurteilung in einem Prozess durch, er ging in die Verbannung. Cicero hat ihn 78 in Smyrna besucht, lässt ihn als Übermittler der Gespräche in seinem Staatswerk *De re publica* auftreten. P. Rutilius Rufus gehört zu den Vorbildgestalten Roms, auch für Seneca.

Scaevola: s. *Q. Mucius Scaevola.*

Scipio Africanus der Ältere: Publius Cornelius Scipio Africanus maior (geb. um 235); Konsul 205 und 194; Sieger über Hannibal im Zweiten Punischen Krieg 202 bei Zama in Nordafrika, daher sein Beiname. Er tritt am Schluss von Ciceros Staatsschrift im *Somnium Scipionis – Scipios Traum* auf und verheißt dem jüngeren Scipio den Lohn des Staatsmannes im Jenseits.

Scipio Africanus der Jüngere: Publius Cornelius Scipio Aemilianus Africanus minor Numantinus (geb. 185); leiblicher Sohn des Aemilius Paullus, vom Sohn des älteren Scipio adoptiert; Konsul 147 und 134; Zerstörer Karthagos 146 und Numantias 133. Er widmete sich mit Laelius und anderen Freunden literarischer und philosophischer Bildung und öffnete Rom für griechische Einflüsse (»Scipionenkreis«); auch befreundet mit dem Stoiker Panaitios und dem Geschichtsschreiber Polybios. Er galt für Cicero als ideale Verkörperung des römischen Staatsmannes, Hauptredner in seiner Staatsschrift, Gewährsmann des Laelius für viele seiner Gedanken über die Freundschaft im *Laelius,* Dialogpartner Catos mit Laelius zusammen in Ciceros *Cato maior de senectute – Vom Alter.* Sein plötzlicher und unerklärlicher Tod mit 56 Jahren führte zu Vermutungen, er sei ermordet worden; vgl. Plutarch, *Romulus* 27.

Sokrates: athenischer Philosoph (470–399), dessen unbedingtes Eintreten für die Erforschung der Wahrheit für die Nachwelt bestimmend blieb. Seine Schüler, vor allem Platon und Xenophon, zeichneten je ein eigenes Bild von ihrem Lehrer; seine Persönlichkeit und sein tapferer Tod aufgrund eines ungerechten Urteils machten ihn in Rom zu einer Vorbildgestalt, bei Cicero wie auch bei Seneca.

P. Sulpicius: Publius Sulpicius Rufus; als junger Mann Mitunterredner in Ciceros *De oratore – Vom Redner* (vgl. 3,11); 88 Volkstribun;

mit Atticus bekannt; ging von der Partei Sullas und der Nobilität zu Marius und zur Volkspartei über und beantragte, den Oberbefehl im Krieg gegen Mithridates von Sulla an Marius zu übertragen. Das führte zu Sullas Marsch auf Rom und zu seiner folgenden Terrorherrschaft. Q. Pompeius Rufus, mit Sulla 88 Konsul, auf dessen Seite stehend, kam im Verlauf der blutigen Unruhen um. Sulla ließ Sulpicius Rufus 88 ermorden.

L. Tarquinius Superbus: letzter römischer König, von etruskischer Abkunft; 510 von L. Iunius Brutus vertrieben; wurde zum Typus des Tyrannen. Seitdem stand auf das (angebliche) Streben nach der Alleinherrschaft, der Königswürde, die Todesstrafe.

Terenz: Publius Terentius Afer (geb. 195/194 in Karthago); römischer Komödiendichter; seine Stücke *Das Mädchen von Andros* und *Der Eunuch* wurden 166 bzw. 161 aufgeführt. Er verkehrte im Freundeskreis des Scipio und Laelius.

Themistokles: Sieger 480 in der Seeschlacht von Salamis gegen die Perser; wurde um 470 infolge politischer Differenzen verbannt und ging zu den Feinden Athens, erst nach Argos, dann nach Kleinasien zu den Persern, wo er um 458 starb, wie es heißt durch Selbstmord. Zu den Gründen vgl. Cornelius Nepos' Vita des Themistokles 10.

Timon: aus Athen; wurde sprichwörtlich als Sonderling und Menschenverächter; vgl. Shakespeare, *Timon von Athen.*

Q. Tubero: s. *Q. Aelius Tubero.*

Vecellinus: s. *Sp. Cassius Vecellinus.*

A. Verginius: Schüler des Q. Mucius Scaevola Pontifex, Rechtsgelehrter.

Literaturhinweise

Ausgaben

Der lateinische Text folgt der Ausgabe:

M. Tulli Ciceronis: Scripta quae manserunt omnia. Faszikel 47: Cato maior. Laelius. Rec. K. Simbeck. De gloria. Rec. O. Plasberg. Leipzig: Teubner, 1917. Nachdr. Stuttgart 1971.

Verglichen wurde auch die Oxford-Ausgabe:

M. Tulli Ciceronis De re publica – De legibus – Cato maior de senectute – Laelius de amicitia. Rec. brevique adnotatione critica instr. J. G. F. Powell. Oxford: Oxford University Press, 2006.

Kommentierte Ausgaben

Hommel, H. / Meister, K. (Hrsg.): Laelius. De amicitia. Heidelberg: Kerle, [4]1955 [u. ö.].

Faltner, M.: Cicero. Cato der Ältere über das Alter – Laelius über die Freundschaft. Lat./Dt. München: Heimeran, 1961 [u. ö.]. Neuausg. mit Einf. und Register von G. Fink. München/Zürich: Artemis-Verlag, 1988. [3]1999.

Zink, N. (Hrsg.): Persönliche Bindung und Gemeinschaft. Ciceros Laelius de amicitia. Frankfurt a. M.: Diesterweg, 1977.

Powell, J. G. F. (Hrsg.): Cicero. Laelius, on Friendship (Laelius de amicitia) & The Dream of Scipio (Somnium Scipionis). Ed. with an Introduction, Translation and Commentary. Warminster: Aris & Phillips, 1990.

Kommentar

Neuhausen, K. A.: M. Tullius Cicero. Laelius. Lfg. 1–3. Heidelberg 1981–92. [Unvollständig.]

Weiterführende Literatur

Leeman, A.D. (Hrsg.): Die römische Literatur in Text und Darstellung: Republikanische Zeit II. Stuttgart 1985 [u.ö.].
Erler, M.: Römische Philosophie. In: Einleitung in die lateinische Philologie. Hrsg. von F. Graf. Stuttgart/Leipzig 1997. S. 537–598. [Zu Cicero: S. 555–562.]
Maurach, G.: Geschichte der römischen Philosophie. Eine Einführung. Darmstadt 1989. ³2006.

Bringmann, K.: Untersuchungen zum späten Cicero. Göttingen 1971. (Hypomnemata. 29.)
– Cicero. Darmstadt 2010.
Büchner, K.: Cicero. Bestand und Wandel seiner geistigen Welt. Heidelberg 1964.
Burkert, W.: Cicero als Platoniker und Skeptiker. In: Gymnasium 72 (1965) S. 175–200.
Fuhrmann, M.: Cicero und die römische Republik. Eine Biographie. München/Zürich 1991.
Fürst, A.: Streit unter Freunden. Ideal und Realität in der Freundschaftslehre der Antike. Stuttgart/Leipzig 1996. (Beiträge zur Altertumswissenschaft. 85.)
– Freundschaft als Tugend. Über den Verlust der Wirklichkeit im antiken Freundschaftsbegriff. In: Gymnasium 194 (1997) S. 413–433.
Gelzer, M.: Cicero. Ein biographischer Versuch. Wiesbaden 1969. [Zu *Laelius* und den Matiusbriefen: S. 352–357.]
Giebel, M.: Cicero. Reinbek b. Hamburg 1977. ¹⁸2013. (rowohlts monographien.)
Görler, W.: Untersuchungen zu Ciceros Philosophie. Heidelberg 1974.
Häger, H.: Leidenschaftlich und leidensfähig? Cicero und der jüngere Plinius als *mariti* in ihren Ehebriefen. In: Gymnasium 128/6 (2021) S. 507–551. [Zum Thema Emotionen.]
Heldmann, K.: Ciceros Laelius und die Grenzen der Freundschaft. Zur Interdependenz von Literatur und Politik 44/43 v.Chr. In: Hermes 104 (1976) S. 72–103.

Klingner, F.: Cicero. In: F. K.: Römische Geisteswelt. München [4]1961. S. 110–159.

Morkel, A.: Marcus Tullius Cicero. Was wir heute noch von ihm lernen können. Würzburg 2012.

Narducci, E.: Cicero. Eine Einführung. Stuttgart 2012.

Schuller, W.: Cicero oder Der letzte Kampf um die Republik. Eine Biographie. München 2013.

Seel, O.: Cicero. Wort, Staat, Welt. Stuttgart 1953. [3]1967.

Steidle, W.: Einflüsse römischen Lebens und Denkens auf Ciceros Schrift De oratore. In: Ciceros literarische Leistung. Hrsg. von B. Kytzler. Wege der Forschung Bd. CCXL. Darmstadt 1973. S. 372–420. (Wege der Forschung. 240.)

Strasburger, H.: Ciceros philosophisches Spätwerk als Aufruf gegen die Herrschaft Caesars. Spudasmata 45, 1990.

Stroh, W.: Cicero. Redner, Staatsmann, Philosoph. München 2008, [2]2010.

– Die Macht der Rede. Eine kleine Geschichte der Rhetorik im alten Griechenland und Rom. Berlin 2009.

Suerbaum, W.: Cicero (und Epikur) über die Freundschaft und ihre Probleme. In: Der Begriff Freundschaft in der Geschichte der Europäischen Kultur. Hrsg. von der Akademie deutsch-italienischer Studien unter L. Cotteri. Meran 1995. S. 136–167.

Süss, W.: Cicero: Eine Einführung in seine philosophischen Schriften. Wiesbaden 1966.

von den Hoff, R.: Cicero und die Literaten um Octavian bis zu dessen Alleinherrschaft. In: von den Hoff, R. / Stroh, W. / Zimmermann, M. (Hrsg.): Divus Augustus. Der erste römische Kaiser und seine Welt. München 2014. S. 103–110.

Nachwort

Als der junge Cicero aus seiner heimatlichen Landstadt Arpinum nach Rom kam, war er begierig, die führenden Männer kennenzulernen, die als Senatoren, Konsuln und Feldherren die Geschicke des Reiches bestimmten. Mit ihrer Redekunst, ihrer Kenntnis des Rechts und ihrer politischen Erfahrung in Krieg und Frieden repräsentierten sie die römische Staatskunst und genossen hohe Wertschätzung.

Nachdem Cicero seine Elementarausbildung beendet hatte und mit dem Anlegen der *toga virilis*, dem Männergewand, zu den Erwachsenen zählte, brachte ihn sein Vater zu einem dieser Politiker, die in der Rolle des »elder statesman« junge Leute in ihr Gefolge aufnahmen. Diese absolvierten das *tirocinium fori*, die Lehrzeit auf dem Forum: Sie begleiteten einen älteren erfahrenen Politiker in die Senatssitzungen, hörten seine Reden auf dem Forum, vor Gericht und bei Wahlversammlungen, waren dabei, wenn Rechtsgutachten erteilt wurden und erhielten so einen lebendigen Einblick ins politische Leben in Rom. Ihr Mentor diskutierte mit ihnen, ließ sie selber argumentieren, verbesserte ihren Redestil und schärfte ihr Urteil. Die *auctoritas* des Älteren beruhte nicht nur auf seinen Kenntnissen, seiner Erfahrung und der daraus gewonnenen Geltung, sondern auch auf der Wirkung seiner Persönlichkeit im täglichen Umgang. So entstand eine enge Bindung des Jüngeren an den Älteren, eine lebenslange Prägung, die weit über eine bloße Wissensvermittlung hinausging.

Cicero erinnert sich dankbar der bedeutenden Männer, die er kennenlernen durfte: die Redner Lucius Licinius

Crassus und Marcus Antonius und den berühmten Rechtsgelehrten Quintus Mucius Scaevola, von dem er am Anfang seines Dialogs *Laelius* erzählt. Der geradezu väterliche Ton der Unterweisung, die Bereitschaft des Älteren, seine Erfahrungen weiterzugeben und der Lerneifer des Jüngeren – diese von warmer Sympathie getragene erzieherische Situation hat Cicero zur Form seiner philosophischen Schriften angeregt: Es sind keine Kathederreden, sondern Dialoge, in denen Personen der römischen Vergangenheit oder Zeitgenossen, Freunde, auftreten, die sich oft an Ferientagen in einer Villa treffen und über ein bestimmtes Thema diskutieren. In Ciceros *De re publica* sowie im *Laelius* und *Cato* ist die Situation des fruchtbaren Zusammenseins der Generationen gestaltet. Von einer Bitte der Jüngeren an die Älteren um Belehrung über bestimmte Fragen nehmen die Dialoge ihren Ausgang. Cicero selbst hat schließlich seine gesamte schriftstellerische Tätigkeit unter diesen Aspekt gestellt: Er wolle, wie es die Pflicht eines erfahrenen älteren Römers sei, seine Mitbürger, vor allem die jüngeren, belehren und erziehen.

Sein Lehrer Mucius Scaevola verkörperte für Cicero in besonderer Weise die römische Tradition, war er doch nicht nur ein berühmter Rechtsgelehrter, sondern auch Schwiegersohn des Laelius mit dem Beinamen Sapiens, der Weise, der ein Freund des großen Scipio, des Zerstörers von Karthago, gewesen war. Scaevola reichte damit noch hinein in den schon legendären Freundeskreis der Scipionen, die durch geistige Aufgeschlossenheit und ihre Verbindung zu Gelehrten, wie dem Stoiker Panaitios und dem Geschichtsschreiber Polybios, sich der griechischen Bildung und Kultur geöffnet hatten und damit zu ihren Weg-

bereitern geworden waren. Die griechische Bildung stieß bei den Römern im zweiten, aber auch noch im ersten vorchristlichen Jahrhundert teilweise auf Ablehnung, zumindest auf mancherlei Vorbehalte: Wie sollte man als Römer die politisch unterlegenen Griechen mit ihrer spitzfindigen und oft lebensfremden Gelehrsamkeit als Lehrmeister gelten lassen? Wie vertrug sich römische *gravitas*, Ernst und Würde, mit der *levitas*, der leichtherzigen Art der Griechen? Doch gab es auch verwandte Anschauungen, wie die Ethik der Stoa, die mit der römischen Pflichtauffassung und dem vom Römer geforderten Dienst an der *res publica* in Übereinstimmung zu bringen war. Wenn Laelius den Beinamen *Sapiens* trug, so zeigte sich darin für Cicero eine geglückte Verbindung von griechischer und römischer Bildung: Dieser Weise war keine Idealfigur aus der Studierstube; seine Weisheit war Lebenserfahrung und Einsicht als Staatsmann, als Konsul und Feldherr, zugleich aber war er ein Mensch mit geistigen Interessen, dessen griechische Bildung nicht der Auflösung, sondern der Vertiefung des römischen Wertebewusstseins diente.

Der junge Cicero fand hier bei seinem Lehrmeister Scaevola – seine Gattin war Laelia, die Tochter des Laelius – die lebendige Erinnerung an große Männer, die römisches Staatsbewusstsein mit griechischer Bildung verbanden. Dies entsprach seinem Ideal, und er sah darin Vorbilder, denen er nacheifern konnte. Er stammte ja nicht aus der Nobilität, dem exklusiven Kreis der alten Adelsfamilien Roms mit ihren erlauchten Ahnenreihen, die mit Hilfe eines Netzwerks persönlicher und familiärer Verbindungen die Politik bestimmten und die Staatsämter unter sich verteilten. Wenn er als Angehöriger des zweiten Standes, der

Ritter, in der hohen Politik eine Rolle spielen wollte, musste er als *homo novus*, als Aufsteiger oder Emporkömmling, durch besondere Leistungen auf sich aufmerksam machen. Dazu gehörte die Redekunst, die Voraussetzung für Erfolg in der Öffentlichkeit, und sie war ohne die Systematik, wie sie in der griechischen Rhetorik entwickelt worden war, nicht mehr denkbar. Wer aber nicht nur brillant reden, sondern auch profund argumentieren wollte, der brauchte dazu die Philosophie der Griechen. Cicero studierte sie eifrig; sie sollte ihm nicht nur ein Hilfsmittel bei der Argumentation werden, sondern eine feste Basis für sein Leben und Denken bieten. Das galt besonders für die Schule Platons, die Akademie, die er durch Philon von Larissa kennenlernte, der 88 v. Chr. nach Rom kam und dort Vorlesungen in Philosophie und Rhetorik hielt. Er vertrat die Neue, sogenannte »skeptische« Akademie. Sie lehrte, die Sinneswahrnehmungen vermittelten keine absolute Gewissheit, sondern nur das Wahrscheinliche (*verisimile*). Durch sorgfältiges Prüfen und Vergleichen der vorliegenden Meinungen, etwa in Form des Pro-und-Kontra-Argumentierens, käme man jeweils zum Glaubhaften und Annehmbaren, dem *probabile*. Ohne strenge Dogmatik und ohne Absolutheitsanspruch bot diese philosophische Richtung die Möglichkeit, sich im einzelnen an die Thesen verschiedener Schulen anzuschließen, ein Eklektizismus durchaus im positiven Sinn. Die Akademie ist für Cicero das *genus philosophandi minime adrogans*,[1] die am wenigsten doktrinäre

1 *De divinatione – Über die Wahrsagung* 2,1; vgl. auch *Tusculanae disputationes – Gespräche in Tusculum* 5,83 und die Vorrede zu *De officiis – Vom pflichtgemäßen Handeln*, 2. Buch.

Schule, die ihm eine umso größere Freiheit des Denkens gewährt, weil sie das eigene Urteil in keiner Weise einschränkt und niemanden verpflichtet, auf eine Lehrmeinung zu schwören. Diesen positiven Aspekt der Freiheit des Geistes betont Cicero immer wieder. Da aber die Wahrheit im Verborgenen liegt und nur das jeweils Wahrscheinliche gefunden werden kann, ergibt sich die Pflicht zur Toleranz gegenüber der Meinung eines anderen.[2] Dies darf freilich niemals so weit gehen, die eigenen sittlichen Grundsätze aufzugeben. Hier macht Cicero von seinem Recht der Wahl Gebrauch: Die Pflichtenlehre der Stoiker entspricht römischen Vorstellungen, wie sie für ihn bestimmend sind. Was sittlich gut ist, den Mitmenschen und der *res publica* nützt, das ist ernsthaftem Nachdenken jeweils zugänglich und muss in die Tat umgesetzt werden. So hatten es die Vorbildgestalten seiner Jugend gehalten, die Persönlichkeiten um Scipio, die er, der *homo novus*, als eine Art idealisierter geistiger Ahnengalerie für sich in Anspruch nahm.

Einen letzten Vertreter dieses Kreises lernte er während seiner Studienjahre im griechischen Osten kennen: Publius Rutilius Rufus, Konsul 105 v. Chr., war ein ehemaliger Freund des Laelius und Scipio, Schüler des stoischen Philosophen Panaitios. Er lebte in Smyrna in der Verbannung, seit die räuberischen Steuerpächter in der Provinz Asia, deren Treiben er angeprangert hatte, in einem Prozess seine Verurteilung durchgesetzt hatten. Cicero war so beeindruckt von ihm, dass er ihm Jahrzehnte später in seinem Staatswerk *De re publica* eine wichtige Rolle zuwies: Er

2 *Orator – Der Redner* 237.

gibt vor, den Inhalt, nämlich das Gespräch Scipios mit seinen Freunden, von Rutilius Rufus in Smyrna gehört zu haben.

Cicero hatte die übliche Bildungsreise des jungen Römers verspätet angetreten: Die Machtkämpfe zwischen Marius und Sulla hatten zu einem blutigen Bürgerkrieg geführt, dem ersten, den Cicero erleben musste. Er studierte in Athen beim Leiter der platonischen Akademie, hörte auf Rhodos den bedeutenden Philosophen und Wissenschaftler, den Stoiker Poseidonios, und hatte dort bei Apollonios Molon auch seinen rhetorischen Stil verfeinert. Sein Lehrer verabschiedete ihn mit dem wehmütigen Kompliment, nun hätten die Griechen auch noch den letzten Vorrang vor den Römern verloren, den in der Redekunst. Cicero konnte als Resümee seiner Studien sagen: »Was ich als Redner bin, das habe ich nicht aus den Rhetorenwerkstätten, sondern aus den Wandelgängen der Akademie.«[3] Im umfangreichen Schrifttum besonders seiner letzten Jahre wird er den »Wandelgängen der Akademie« seinen Dank abstatten. Er wird Platons Dialogen, diesem Höhepunkt griechischer Literatur, in seinen dialogisch geprägten Werken etwas genuin Römisches an die Seite stellen.

In Athen hatte er im Jahr 79 auch seinen Freund Titus Pomponius getroffen, der dort lebte und wegen seiner Liebe zur griechischen Bildung und seiner hilfreichen Haltung gegenüber der Stadt den Beinamen Atticus erhalten hatte. Er gehörte wie Cicero nicht zur Nobilität, sondern zum Ritterstand, war aber als Sympathisant der Philosophie des Epikur mit einem Leben in ruhiger Zurückgezogenheit zu-

3 *Orator* 12; vgl. auch *De legibus – Von den Gesetzen* 1,63.

frieden und zeigte keine Neigung, sich in Rom in den politischen Kampf um Ämter und Einfluss zu stürzen. Ebendies hatte Cicero vor; er profilierte sich als Anwalt in aufsehenerregenden Prozessen, wie gegen den räuberischen Statthalter Siziliens, Verres, er wurde zum führenden Anwalt Roms und hatte die Ämter des Quästors, Ädils und Prätors inne. Als Konsul stand er im Jahr 63 auf der Höhe seines Ansehens. Nachdem er die Verschwörung des Catilina aufgedeckt und niedergeschlagen hatte, feierte ihn das Volk als *pater patriae*, Vater des Vaterlandes. Freilich hatten die adelsstolzen Senatoren der Wahl des Emporkömmlings eher deshalb zugestimmt, weil Cicero das kleinere Übel war gegenüber dem anderen Bewerber, einem Catilina, der, lange geduldet, mit seinen Umsturz- und Umverteilungsplänen zu einem Sicherheitsrisiko für seine adligen Standesgenossen geworden war. Ciceros Programm einer Einheit aller staatstragenden Stände (*concordia ordinum*), seine Forderung, die Adligen, die sich die Optimaten nannten, müssten auch *optimi*, die Besten, sein, hatte zwar in der Krisensituation Wirkung gehabt, es fand aber auf die Dauer keine Resonanz. Was wollte der »Romulus aus Arpinum« mit seinen Moralpredigten, fragten manche. Dazu kam, dass Ciceros Ideal einer *res publica*, eines Gemeinwesens, das wahrhaft die Sache aller war, keine Basis haben konnte angesichts des rücksichtslosen Machtstrebens von Caesar und seinen Genossen Pompeius und Crassus, die sich zu einem Triumvirat verbündeten, einem Dreierbund, der die staatlichen Organe lahmlegen und ihnen die Mittel zur alleinigen Herrschaft verschaffen sollte. Die *res publica* wurde zur *res privata*, zur Sache der drei Machthaber.

Diese wollten den großen Redner für sich gewinnen,

doch Cicero lehnte ab. Da ließen sie einen persönlichen Feind auf ihn los, den Volkstribunen Publius Clodius, der mit Hilfe eines rückwirkenden Gesetzes Cicero, den Vater des Vaterlandes, wegen angeblich ungesetzlicher Hinrichtung der Catilinarier in die Verbannung trieb. Cicero ertrug sein Exil, wie aus seinen Briefen hervorgeht, nicht mit stoischem Gleichmut, sondern mit höchst menschlichen Gefühlen. Spannungen zwischen den Machthabern führten zu seiner Rückberufung, doch die von ihm erneut propagierte Einheitsfront aller Gutgesinnten (*consensus omnium bonorum*) zur Erneuerung der *res publica* scheiterte: Die Machthaber erneuerten ihr Bündnis, Cicero war politisch kaltgestellt.

In diese Zeit fällt seine erste schriftstellerische Periode, mit den Dialogen *De oratore – Vom Redner, De re publica – Vom Staatswesen* und *De legibus – Über die Gesetze.* Der ideale Redner muss nicht nur Fachkenntnisse aller Art besitzen, sondern philosophisch gebildet und von ethischen Grundsätzen geleitet sein. Die ursprüngliche Einheit von Redekunst und Weisheit soll wiederhergestellt werden, zum Nutzen der Bürgerschaft, an die sich der Redner ja wendet. Das Bild des idealen Redners führt zu dem des besten Staates und des besten Staatsführers und zu den Gesetzen und staatlichen Organisationen, nicht in einem Idealstaat, wie bei Platon, sondern in Rom.

Nach dem Abschluss dieser Werke kehrte Cicero auf die politische Bühne zurück. Als ehemaliger Konsul hatte er die Verwaltung einer Provinz zu übernehmen; er ging nach Kilikien, dem südöstlichen Küstenland von Kleinasien. Obwohl ihm sein adelsstolzer Vorgänger Appius Claudius Pulcher Steine in den Weg legte, bewies er durch eine am

Wohl der Provinzbewohner orientierte Verwaltung, dass man die philosophischen Ideale von Gerechtigkeit und Pflichterfüllung in die Tat umsetzen konnte. Bei seiner Rückkehr waren in Rom die Auseinandersetzungen um Caesars Abberufung von seinem Kommando in Gallien eskaliert. Cicero versuchte zwischen dem Senat und Caesars Anhängern zu vermitteln, doch ohne Erfolg. Caesar überschritt den Rubikon, Cicero erlebte abermals einen Bürgerkrieg.

In der Schlacht von Pharsalos siegte Caesar 48 v. Chr. über Pompeius und die Senatspartei, der sich Cicero angeschlossen hatte, und herrschte danach in Rom als Dictator. Er warb um Cicero, doch als dieser erkannte, dass Caesar entgegen seinen Ratschlägen keineswegs die Republik wiederherstellen wollte, wandte er sich von der Politik ab und der schriftstellerischen Tätigkeit zu, die ihm Trost sein sollte für die verlorene *res publica* und für den großen persönlichen Verlust, den er durch den Tod seiner Tochter Tullia erlitten hatte. Er war nun in der Rolle eines »elder statesman«, der die Jugend belehren konnte, doch nicht wie seine Vorbilder in einem ehrenvollen Alter, berühmt und geachtet, sondern in erzwungener Muße, in einem Staatswesen, das weit entfernt war von dem, das er in *De re publica* entworfen hatte.

Dennoch sah er lohnende Aufgaben vor sich: Die Männer seiner geistigen Ahnengalerie hatten sich zwar mit Philosophie befasst, doch anhand griechischer Schriften – es gab keine lateinischen Handbücher, keine Terminologie der philosophischen Lehren. Die an der Philosophie interessierten Römer waren überzeugt, man könne die Lehren der einzelnen Schulen nur im Original lesen, und dies ge-

nüge auch. Das hieß aber, auf dem Stand eines bloßen Rezipienten zu bleiben. Man musste doch darüber diskutieren und dabei die Ansichten weiterentwickeln, sie aus römischer Sicht betrachten und modifizieren. So galt es zunächst, für die griechischen Fachausdrücke die entsprechenden lateinischen Pendants zu finden. Cicero fand sie; wenn wir heute Definition oder Argumentation sagen, gebrauchen wir Ausdrücke Ciceros. Er wollte eine Gesamtdarstellung der griechischen Philosophie verfassen, an die man in Rom anknüpfen konnte. So sollte die Philosophie auch hier ihren gebührenden Platz einnehmen, wie schon die Rechtswissenschaft und die Rhetorik. Für alle Interessierten, besonders für die jungen Leute, schuf Cicero in knapp zwei Jahren, 46–44 v. Chr., eine Enzyklopädie des philosophischen Wissens, aber nicht in Handbüchern, sondern in der Form von Dialogen.[4] Bei Cicero sind es keine Philosophen, die eine Vorlesung halten, sondern Persönlichkeiten der römischen Gesellschaft, die sich treffen und über ein bestimmtes Thema diskutieren: Der eine trägt die Lehre der Stoiker vor, von der er überzeugt ist, ein anderer kritisiert diese Ansicht und vertritt dagegen die Lehrmeinung der Epikureer oder der Platoniker. Man argumentiert durchaus kontrovers, aber immer mit Respekt vor dem anderen. Die humane Grundhaltung der Gespräche wird stets gewahrt; sie zeichnet Ciceros Philosophieren aus und bleibt beispielhaft über alle sich wandelnden Inhalte hinaus.

4 Cicero nennt seine in früherer Zeit spielenden Dialoge mehrfach herakleidisch, d. h. in der Art des Platon-Schülers Herakleides Pontikos (um 390–310 v. Chr.), der in seinen (verlorenen) Dialogen Personen der Vergangenheit auftreten ließ.

Die *Gespräche in Tusculum*, in Ciceros geliebter Landvilla, bieten eine besondere Atmosphäre. Hier veranstaltet Cicero ein mehrtägiges Seminar mit jungen Freunden, wie dem als Redner und Schriftsteller hervorgetretenen Marcus Brutus, dem späteren Caesar-Mörder. Ihm hat Cicero die *Tuskulanen* wie auch andere Werke gewidmet. Brutus hatte Cicero nach dem Tod seiner Tochter wieder aufgerichtet, ihm seine eigene Schrift über die Tugend zugesandt und ihn aufs Schreiben als Heilmittel verwiesen. Cicero verfasste eine *Consolatio*, eine Trostschrift an sich selbst, dann entstand der *Hortensius*, so genannt nach Ciceros großem Rednerkollegen, eine Einführungsschrift in die Philosophie, die trotz ihrer großen Wirkung, etwa auf Augustinus,[5] ebenso wie die Trostschrift, verloren ist. In den *Tuskulanen* geht es, wie Cicero selbst sagt, um die Dinge, die am meisten notwendig sind, um ein glückliches Leben zu führen, um Grundfragen der menschlichen Existenz: Ist der Tod ein Übel? Kann der Schmerz ertragen werden? Lässt sich Kummer lindern? Wie kann man die Affekte bekämpfen? Genügt die Tugend allein, um ein glückliches Leben zu führen? Reicht die Tugend wirklich aus, um den Menschen in jeder Lebenslage glücklich sein zu lassen – sozusagen auch auf der Folterbank? Cicero gibt ehrlich zu, dass er angesichts der vielfältigen Übel und Schicksalsschläge im Leben seine Zweifel hat. Aber er kann nicht zulassen, dass seine Schutzwehr einstürzt, die er sich mit Hilfe der Philosophie aufgebaut hat. Er verbietet sich die kleinmütigen Gedanken – die Tugend ist erhaben über

5 *Confessiones – Bekenntnisse* 3,4,7; *De beata vita – Über das glückliche Leben* 4.

alles, das hat vor kurzem erst das Beispiel von Brutus' Onkel gezeigt: Cato der Jüngere, der überzeugte Stoiker, hat sich von keinem Schicksalsschlag beugen lassen. Anstatt sein Leben von Caesars Gnaden zu fristen, hat er im Tod von eigener Hand die Freiheit gewählt.[6] In einem hymnischen Gebet wendet sich Cicero an die Philosophie als die Führerin und Lenkerin des Lebens.[7] Sie ist für Cicero Lebens-, ja Überlebenshilfe und bietet ihm einen Zufluchtsort, in den er sich nun zurückziehen will, gemeinsam mit dem Freund Atticus. Ihm widmet er zwei Schriften, die Lebensprobleme behandeln, wie sie jeden angehen: die Freundschaft und das Alter. Sie waren beide über 60 Jahre, und Cicero wollte dem Freund ein Denkmal setzen für die Treue und Hilfe in den bewegten Jahren seines Lebens. Er lässt seinen Laelius sagen, Freunde müssten die gleichen Ansichten und Zielsetzungen haben. Doch war Cicero wohl froh, dass Atticus zwar seine Ansichten teilte, sich aber nicht in den Strudel der Politik ziehen ließ, sondern ihm einen ruhigen Hafen bot, wenn er gestrandet war. Er hatte einmal die Hoffnung genährt, er könne der Laelius des Pompeius werden,[8] was er dann aber als einen Irrtum erkennen musste. Mit seinen beiden Schriften wollte er

6 M. Porcius Cato der Jüngere, überzeugter Stoiker und Republikaner, kämpfte im Bürgerkrieg gegen Caesar und nahm sich 46 v. Chr. nach der Niederlage von Thapsos das Leben. Von seinem Sterbeort Utica in Nordafrika erhielt er den Beinamen Uticensis. Er ist für Seneca die große Vorbildfigur als der wahre Weise, der *vir fortis et sapiens*; vgl. Seneca, *Glück und Schicksal. Philosophische Betrachtungen*, hrsg. von M. Giebel, Stuttgart 2009, S. 83 f., 137 f., 143.

7 *Tusculanae disputationes* 5,5.

8 *Epistulae ad familiares – Briefe an seine Freunde* 5,7,3.

nun auch zurückkehren zu den großen Persönlichkeiten, die ihn in seiner Jugend begeistert hatten. Ihnen legt er die Gespräche in den Mund, von ihrer Autorität werden beide Schriften getragen: von Scaevola – von dem Cicero angeblich das Gespräch gehört hat und bei dem auch Atticus gelernt hatte –, von Laelius, der seinem Freund Scipio oft das Wort gibt, und von Cato dem Älteren, dem Vertreter altrömischer Tugenden, der sich jedoch auch der griechischen Bildung nicht verschlossen hatte.[9]

Laelius – Über die Freundschaft
»Der nimmt doch wohl die Sonne aus der Welt, der die Freundschaft aus dem Leben nimmt«

Mucius Scaevola, der Mentor Ciceros, gibt in der Gesellschaft junger Leute, darunter Cicero, ein Gespräch wieder, das Laelius mit ihm selbst und seinem anderen Schwiegersohn über die Freundschaft geführt hat. Die Grundlage dieses Gesprächs ist die Freundschaft des Laelius mit Scipio Africanus, eine exemplarische Beziehung, die beide in den Rang der bekannten Freundschaftspaare aus Sage und Geschichte erhebt. Konkreter Anlass, dieses Gespräch wiederzugeben, war für Scaevola aber etwas damals Aktuelles. Cicero erinnert Atticus in seiner Vorrede daran: ein Zerwürfnis zweier langjähriger guter Freunde, die verschiedene politische Bahnen eingeschlagen hatten, und zwar während der Machtkämpfe zwischen Marius und Sulla. Es werden keine Einzelheiten genannt, obwohl durch den

9 *Cato der Ältere über das Alter*, in: *Gespräche über Freundschaft, Alter und die Freiheit der Seele*, hrsg. von M. Giebel, Stuttgart 2009.

»Sündenfall«[10] des Publius Sulpicius Rufus, seinen Übertritt von der Nobilität zur Volkspartei, eine der blutigsten Epochen in Roms Geschichte ausgelöst wurde. Sulpicius beantragte, den Oberbefehl zum Krieg gegen König Mithridates von Pontos dem Kandidaten der Nobilität, Cornelius Sulla, zu entziehen und ihn an den Exponenten der Volkspartei, Gaius Marius, zu übertragen. Sulla ließ sich das nicht gefallen; er antwortete mit seinem berüchtigten Marsch auf Rom (88 v. Chr.), der in einem allgemeinen Blutbad und dem Terrorregime Sullas endete. Ob Cicero Atticus nicht daran erinnern wollte? Dieser kam durch verwandtschaftliche Bindungen damals selbst in Lebensgefahr.[11] Cicero geht es nur um das Faktum, als vorausweisendes Motiv: Bruch einer Freundschaft, mit politischem Hintergrund.

Bevor die Freundschaft selbst aber erörtert wird, steht ihr kunstvoll gestaltetes, emotionales Bild vor Augen. Der Dialog spielt im Jahr 129, kurz zuvor war Scipio in seinen besten Jahren gestorben, unter ungeklärten Umständen, die auf einen politischen Mord hindeuteten. Letzteres wird nicht weiter diskutiert; man will wissen, wie Laelius denn den Tod seines besten Freundes erträgt. Laelius gibt die Trostgründe an, die ihm über den Verlust hinweghelfen: Scipio hat alles Menschenmögliche erreicht, er ist auf der

10 So sieht es gleichsam Velleius Paterculus: *Historia Romana* 2,18,5–2,19,1; vgl. auch Cicero, *De legibus* 3,20 und 22.

11 Cornelius Nepos meint in seiner Atticus-Vita sogar, Atticus habe sich angesichts der damaligen politischen Wirren – auch persönlich gefährdet als ein Verwandter des Volkstribunen P. Sulpicius – zu einem zurückgezogenen Leben entschlossen und sei nach Athen übersiedelt (Kap. 2).

Höhe seines Erfolgs gestorben, und er wird auch nach dem Tode nicht unglücklich sein. Laelius erinnert an das letzte Gespräch vor seinem Tod, seine Traumerzählung, die von einem Weiterleben des verdienten Staatsmannes in himmlischen Sphären kündete.[12]

Ausgehend von dieser Würdigung des verstorbenen Freundes, bitten die jungen Leute nun Laelius, ihnen doch allgemein etwas über die Freundschaft vorzutragen. Sie ist ja ein Thema bei den griechischen Philosophen, bei Aristoteles in seinen Werken über Ethik, sein Schüler Theophrast hat eine eigene Abhandlung darüber geschrieben. ›Ja, da wäre es doch das beste, wenn ihr zu den griechischen Philosophielehrern ginget und euch dort einen Vortrag halten ließet‹, meint Laelius. ›Das haben wir schon getan, aber wir wollen es von dir hören, deine Art des Vortrags ist doch etwas ganz anderes!‹ Laelius, also Cicero, bindet die theoretischen Erörterungen in die römische Lebenswirklichkeit ein.

Wer in Rom von Freundschaft spricht, meint primär nicht die gefühlsbestimmte Bindung zweier Menschen; *amicitiae* sind vielmehr die üblichen Zweckbündnisse, wie sie von den Angehörigen der Oberschicht geschlossen werden, um im politischen Leben voranzukommen, Unterstützung zu gewinnen bei Wahlen, vor Gericht, bei Ämtern in den Provinzen. Auch Cicero war auf solche Bündnisse angewiesen. Sein Bruder Quintus weist ihn darauf hin, dass er im Wahlkampf seine Vorbehalte als

12 Das *Somnium Scipionis* am Ende von *De re publica*; vgl. Cicero, *Gespräche über Freundschaft, Alter und die Freiheit der Seele*, hrsg. von M. Giebel, Stuttgart 2009.

»Platoniker« zurückstellen muss. Der Begriff Freund ist ja, sagt Quintus, in der Politik, besonders bei Amtsbewerbungen, weiter gefasst als sonst im Leben. Bei aller gebotenen Kontaktfreudigkeit darf Cicero freilich nicht vergessen, dass bei diesen *amicitiae*, den Parteifreundschaften, überall Neid, Missgunst, Betrug und Hinterhältigkeit lauern.[13] Cicero macht sich Atticus gegenüber öfter Luft über diese Scheinfreundschaften mit ihren falschen Höflichkeiten und erzwungenen Rücksichtnahmen. Sogar angesichts der Brüskierungen durch seinen Amtsvorgänger in der Provinz, Appius Claudius Pulcher, der ihn hochmütig als Emporkömmling behandelt hatte, bemüht sich Cicero um einen konzilianten Ton und spricht von ihrer beiderseitigen langjährigen, altbewährten *amicitia*, von der er sich nun einen Dienst erhofft. Ja, auch mit seinem späteren Todfeind Marcus Antonius besteht eine solche »Freundschaft«.[14]

Auf diesem Hintergrund wirkt die Emphase verständlich, mit der Laelius, gar nicht wie ein nüchterner Römer, in geradezu platonischen Tönen die gefühlsmäßige Anziehung, Liebe und Sympathie, als Antriebskraft echter Freundschaft betont. Und er lehnt auch nachdrücklich praktische Erwägungen als Beweggrund für die Freundschaft ab. Diese hat ihren Ursprung nicht, wie manche Philosophen sagen, im gegenseitigen Nutzen, in der Bedürftigkeit und im Mangel, dem durch Not- und Interessengemeinschaften einzelner abgeholfen werden soll. Sich an

13 Quintus Cicero, *Commentariolum petitionis – Denkschrift über die Bewerbung um das Konsulat* 46, 16 und 39.

14 *Epistulae ad Atticum – Briefe an Atticus* 1,14,1; *Epistulae ad familiares* 3,9,4; 2. *Philippica – Philippische Rede* 1,3.

andere anzuschließen ist vielmehr ein primärer Trieb des Menschen als eines sozialen Wesens. Und der Mensch fühlt sich nicht angezogen von den Hilfsquellen des anderen, sondern von seiner edlen Gesinnung, der Tugend. Und nur sie, die *virtus*, zeugt und erhält wahre Freundschaften; nur unter Guten, also moralisch integren Personen, ist sie möglich, daher gehören für Laelius Tugend und Freundschaft zusammen. Die *virtus*, ursprünglich mannhafte Art, kriegerische Tapferkeit, ist zu einem Zentralbegriff des römischen Traditions- und Wertebewusstseins geworden. Sie umfasst die (später so genannten) Kardinaltugenden: Weisheit, Gerechtigkeit, Tapferkeit, Selbstbeherrschung bzw. Mäßigung. Vor allem aber bezieht sie sich auf die Pflichten des Römers gegenüber der Gemeinschaft, die unter dem Einfluss des stoischen Gedankens vom Weltbürgertum auf die ganze Menschheit ausgedehnt werden. Die *virtus* als Gesamtbegriff sittlicher Vollkommenheit bewährt sich im sozialen Handeln, also auch und gerade in der Freundschaft.

Hier kommt Laelius auf ein entscheidendes Thema zu sprechen: die Pflichten und Grenzen der Freundschaft. Wenn beide Partner der Tugend verpflichtet sind, wird es da keine Konflikte geben: Ein Freund darf vom andern nur sittlich Gutes fordern, ihm zuliebe nur sittlich Gutes tun. Doch die Wirklichkeit sieht anders aus: Da fordert der eine Hehler- und Kupplerdienste bei unsauberen Geschäften, ein anderer gar Gefolgschaftstreue bei staatsgefährdenden Unternehmungen. Cicero musste sich in diesem Zusammenhang an den Ausspruch erinnern, mit dem Catilina seine Spießgesellen auf sich eingeschworen hatte: »Das gleiche wollen und das gleiche nicht wollen, das erst ist

wahre Freundschaft.«[15] Laelius bringt Beispiele aus seiner Zeit, mit den Unruhen, die durch die staatsgefährdenden Bestrebungen des Tiberius Gracchus erregt worden waren. Damals gab es einen, der für Gracchus sogar das Kapitol angezündet hätte, so ein treuer Freund war er ... Dabei war, so sagt Laelius, die Herrschaft des Gracchus ein *regnum*, die Machtstellung eines Königs, in Rom seit der Vertreibung der Könige und der Errichtung der Republik das allerschlimmste Verbrechen! Hier spricht wohl nicht nur Laelius, der sich um die Zukunft des Staates sorgt.

Das Problem der Freundestreue war höchst aktuell. Während Cicero am *Laelius* arbeitete – wohl zwischen März und November 44 –, war Caesar an den Iden des März ermordet worden. Ein Tyrannenmord, dem nach dem Willen der Verschwörer die Wiederherstellung der Republik folgen sollte. Doch die Bürgerschaft trat keineswegs geschlossen hinter Brutus und Cassius. Marcus Antonius hielt als Freund und Gefolgsmann dem toten Dictator die Leichenrede, und es scharten sich viele um ihn, die sich aus mehr oder weniger edlen Beweggründen zur Freundschaft mit dem Toten bekannten. Unter den Ehrenhaften war Gaius Matius, ein alter Freund Ciceros und enger Vertrauter Caesars. Nun wird Cicero zugetragen, Matius beschwere sich über seine, Ciceros, mangelnde Freundestreue. Dieser rechtfertigt sich, und Matius antwortet ihm. Die beiden Briefe sind geradezu praktische Beispiele für das von Laelius über die Grenzen der Freundschaft Gesagte.[16] Cicero er-

15 Sallust, *De coniuratione Catilinae – Über die Verschwörung des Catilina* 20,4.

16 *Epistulae ad familiares* 11,27 und 28, Ende August 44. Es wurde vielfach angenommen, Cicero habe unter dem Eindruck der Ver-

kennt dankbar an, wie Matius stets um einen Ausgleich zwischen ihm und Caesar bemüht war, wie er ihm, obwohl beide im Bürgerkrieg in verschiedenen Lagern standen, niemals seinen Rat und Zuspruch versagte. Doch nun hat Matius, dies war Ciceros Vorwurf, für ein Gesetz gestimmt, das den »Befreiern«, wie sich die Männer um Brutus und Cassius nannten, und damit der Sache des Staates große Nachteile, dem Caesar-Freund Antonius aber entscheidende Vorteile zum Ausbau seiner Machtposition brachte.[17] Außerdem hat Matius die Festspiele zu Ehren des toten Caesar veranstaltet und damit seinen Anhängern einen großen Prestigegewinn verschafft. ›Du hast natürlich in pietätvoller Gesinnung gehandelt‹, schreibt Cicero, ›aber wenn Caesar ein *rex* war, eine Königsherrschaft innehatte, woran ich für meine Person nicht zweifle, dann kann man deine Handlungsweise auf zweierlei Art beurteilen: entweder, dass man deine treue, menschliche Gesinnung anerkennen müsse, mit der du den Freund noch im Tode liebst, oder aber, dass man die Freiheit des Vaterlandes über das Leben eines Freundes zu stellen habe.‹ Matius rechtfertigt sich in seinem Antwortbrief so, wie es Cicero ihm bereits zugebilligt hatte: Den Pflichten der Menschlichkeit werde er niemals untreu werden – man dürfe doch wohl

hältnisse nach Caesars Tod eine Bearbeitung bzw. Erweiterung des Textes vorgenommen und die Grenzen der Freundschaft stärker betont; vgl. Büchner (1964), S. 420–427; ablehnend Powell (1990), S. 6.

17 Vgl. *Epistulae ad Atticum* 14,14,4: ein Gesetz zur Neuverteilung der Provinzen. Antonius tauschte Makedonien gegen Gallia Cisalpina (Oberitalien), das schon Caesar als Aufmarschbasis gedient hatte, und ließ sich sein Kommando auf fünf Jahre verlängern.

trauern um den Tod eines Freundes und dessen Andenken hochhalten. Es gibt welche, die behaupten, zunächst komme das Vaterland, dann erst die Freundschaft, die haben aber noch nicht bewiesen, dass Caesars Tod von Nutzen für den Staat gewesen sei. Von solchem Gerede zweifelhafter Vaterlandsverteidiger will sich Matius nicht in seiner standhaften Haltung irremachen lassen; wenn es sein muss, wird er sich nach Rhodos zurückziehen. Trotz der schonungsvollen Worte Ciceros und der menschlich verständlichen Haltung im Antwortschreiben des Matius wird klar, dass hier ein Konflikt bestehen bleibt. Die Freundestreue darf niemals einen Vorrang vor den Pflichten gegenüber der Gemeinschaft haben, weder aus persönlicher Zuneigung noch in Form der Parteidoktrin. Das ist Ciceros Überzeugung, und so betont es auch sein Laelius, der zum Schluss nochmals den hohen Wert der Freundschaft preist, die mit der Tugend geradezu eins wird.

Im Gegensatz zu späteren Lesern, wie Montaigne mit seinem Essay über die Freundschaft, konnte der Adressat Atticus die Lektüre nicht vorbehaltlos genießen. Er sorgte sich um den Freund, der inzwischen den Zufluchtsort der Philosophie verlassen und sich wieder in den politischen Kampf gestürzt hatte. Statt der erhofften Wiederherstellung der Republik drohte eine Militärdiktatur unter Führung des Marcus Antonius. Mit seiner ersten Rede gegen Antonius hatte Cicero diesen gegen sich aufgebracht; er schickte die zweite, in äußerst scharfem Ton gehaltene, an Atticus, der zu Vorsicht und Mäßigung riet und von einer Veröffentlichung zum gegenwärtigen Zeitpunkt absehen wollte. Cicero gab ihm recht, er sah es jedoch als seine Aufgabe an, den Staat wenn möglich aus seiner Krise zu befrei-

en. Er hatte immer wieder betont, die Tugend verwirkliche sich im Handeln, und das edelste Handeln sei das für das Staatswesen. So hatte er einen Kampf begonnen, der aus späterer Sicht aussichtslos war. Es gelang ihm, dem über Sechzigjährigen, eine Einheitsfront gegen Marcus Antonius aufzubauen, eine kurze Zeitlang stand er an der Spitze des Staates, dokumentiert in seinen *Philippischen Reden*,[18] doch dann verließ ihn sein wichtigster Bündnispartner und ging zum Feind über: der neunzehnjährige Gaius Octavianus, der sich, als Großneffe und Adoptivsohn des Dictators, Caesar nannte – der spätere Augustus – und die Soldaten auf seine Seite gebracht hatte. Er machte mit Antonius gemeinsame Sache, bekämpfte die Senatspartei, errichtete eine Militärdiktatur in Rom, mit dem erprobten Mittel der Proskriptionen. An der Spitze der schwarzen Listen stand der Name Ciceros, als des Verfassers der *Philippischen Reden*. Antonius hatte darauf bestanden; Octavian, der Cicero seinen väterlichen Ratgeber genannt hatte, gab nach.

Nach dem Scheitern seiner Politik seit Ende April 43 hatte Cicero sich gewünscht, nach Athen zu seinem Sohn zu reisen, der dort studierte. Er hatte noch das dem jungen Marcus gewidmete Werk *De officiis – Vom pflichtgemäßen Handeln* vollenden können, in dem er einschärft, das sittlich Gute, zugleich das Ehrenvolle (*honestum*), müsse immer den Vorzug haben vor dem Nützlichen (*utile*). Wie in seinen übrigen Werken treten auch hier die Vorbildgestalten aus Roms Vergangenheit auf, die den Tod nicht ge-

18 So genannt nach den Reden des Atheners Demosthenes, mit denen er 351–341 v. Chr. zum Kampf Griechenlands gegen König Philipp von Makedonien aufrief.

scheut hatten, wenn es darum ging, ihre Aufgabe zu erfüllen. Auch Cicero empfing gefasst den Todesstreich von der Hand seiner Mörder. Ob er, wie er es seinen Laelius, Cato und Scipio mit so viel Überzeugung sagen lässt, an die Unsterblichkeit der Seele und ihr Weiterleben im platonischen Sinne glaubte? Er teilte auf jeden Fall die Überzeugung, es hätten sich doch die Großen der Vergangenheit in ihrem Leben nicht so abgemüht, wenn sie nicht an irgendeine Verbindung zur Nachwelt geglaubt hätten.[19] Daher fühlte er die Verpflichtung, so zu handeln, dass das Gedächtnis seines Namens nicht mit seinem Leben aufhörte, sondern weitergetragen würde zu allen künftigen Geschlechtern.

Eine seiner letzten Äußerungen, in einem Brief an den Freund Paetus vom Februar 43, lautet: »Mir geht es Tag und Nacht nur um das Wohlergehen und die Freiheit meiner Mitbürger. Ich lasse keinen Augenblick vergehen, ohne zu mahnen, zu handeln und vorauszudenken. Und wenn ich für diese sorgenvolle Tätigkeit mein Leben einsetzen muss, dann bin ich der festen Überzeugung, dass es das Schicksal gut mit mir gemeint hat.«

19 *Pro Archia poeta – Rede für den Dichter Archias* 29: *Epistulae ad familiares* 9,24,4; vgl. auch *Tusculanae disputationes* 1,32 ff.

Inhalt